吉林少数民族丛书

2015年度吉林省社会科学基金项目（重点委托项目）

项目编号：2015WT5

吉林锡伯族

吉林少数民族丛书 / 朴松烈 主编

孙运来 吴克尧 编著

辽宁民族出版社

图书在版编目（CIP）数据

吉林锡伯族 / 孙运来，吴克尧编著. —沈阳：辽宁民族出版社，2016.5
（吉林少数民族丛书 / 朴松烈主编）
ISBN 978-7-5497-1334-9

Ⅰ. ①吉… Ⅱ. ①孙… ②吴… Ⅲ. ①锡伯族—民族历史—吉林省 Ⅳ. ①K284.3

中国版本图书馆CIP数据核字（2016）第116135号

吉林锡伯族
JILIN XIBOZU

出版发行者：辽宁民族出版社
地　　址：沈阳市和平区十一纬路25号　邮编：110003
印 刷 者：辽宁新华印务有限公司
幅面尺寸：180mm×250mm
印　　张：13.75
字　　数：220千字
出版时间：2016年5月第1版
印刷时间：2016年10月第1次印刷
责任编辑：李　璜
封面设计：杜　江
责任校对：林　华

标准书号：ISBN 978-7-5497-1334-9
定　　价：42.00元

法律顾问：陈　光
举报电话：024-23284336
邮购电话：024-23284335
联系电话：024-23284340
网　　址：www.lnmzcbs.com
淘宝网店：lnmz2013.taobao.com

#《吉林少数民族丛书》编辑委员会

孙运来	吉林省民族宗教研究中心研究员
吴克尧（锡伯族）	黑龙江省民族研究所研究员
李明智	吉林省民族事务委员会办公室主任
王喜年	吉林省民族事务委员会经济发展处处长
高长升	吉林省民族事务委员会文教处处长

学术顾问 /（按姓氏笔画为序）

丁　宏（回族）	中国回族学会副会长兼秘书长
谷文双（回族）	《黑龙江民族丛刊》常务副主编
朱立春	吉林省社会科学院研究员
朱在宪（朝鲜族）	吉林省民族宗教研究中心研究员
刘小萌	中国社会科学院研究员
那晓波（鄂温克族）	《黑龙江社会科学》主编
苏赫巴鲁（蒙古族）	吉林省文学艺术界联合会名誉主席
杨　军（回族）	吉林大学教授
吴元丰（锡伯族）	中国第一历史档案馆研究员
张璇如	吉林省民族宗教研究中心研究员
金中祥	吉林省哲学社会科学规划基金办公室主任
金炳镐（朝鲜族）	中央民族大学教授
赵　杰（满族）	北京大学教授
胡维革（蒙古族）	吉林东北亚出版传媒集团有限公司原总经理
施立学（满族）	吉林省民俗学会理事长
曹保明	吉林省民间文艺家协会主席
富育光（满族）	吉林省民族宗教研究中心研究员

总 序

我们十分高兴地把《吉林少数民族丛书》推荐给各位读者。

这是迄今为止吉林省第一套全面、系统介绍全省少数民族的专著。它的问世，是吉林省民族学界在这一领域开拓性研究成果的展示，也为省内外读者了解吉林少数民族、关注吉林少数民族打开了一扇窗。

吉林省地处东北地区中部，东枕长白山林海雪原，中居松辽平原腹地，西连内蒙古科尔沁草原，松花江碧流贯穿其间。根据考古发现，距今7万年至1万年前，“榆树人”“安图人”“青山头人”就已生活在这片土地上。吉林是古代华夏、东胡、秽貊、肃慎四大族系交汇之地，东胡族系的乌桓、鲜卑、契丹、室韦、蒙古，秽貊族系的夫余、高句丽，肃慎族系的肃慎、挹娄、勿吉、靺鞨、女真、满洲等古代民族，都曾在吉林大地上演过一幕幕鲜活壮阔的历史剧。斗转星移，随着历史的演进，各民族不停地在历史长河中碰撞、融合、再生，有的民族延续至今，有的民族融入其他民族，形成新的民族共同体。时至今日，吉林省共有55个少数民族，其中人口较多的有朝鲜族、满族、蒙古族、回族、锡伯族等5个少数民族，并仍保留着东部满族、朝鲜族，西部蒙古族，中部及遍及全省的回族大杂居小聚居的民族分布格局。各民族共同组成了2700万人口的大家庭，共同开发了白山松水锦绣家园，共同创造了悠久的吉林历史、灿烂的吉林文化和独特的吉林民族风情，极大地丰富了中华民族文化宝库。

民族作为一个历史范畴，是人类社会发展到一定阶段的产物，有其产生、发展和消亡的客观规律。不同的地域风格，不同的民族背景，不同的历史传统，熔铸出不同品格的民族个性，也表现出各民族自身存在的独特价值。正如古人所说："凡民函五常之性。而其刚柔缓急，音声不同，系水土之风气，故谓之风。好恶取舍，动静无恒，随厥情欲，故谓之俗。"吉林省各少数民族，在漫长的历史长河中，在改造自然的活动过程中，形成了独具特色的民族历史、经济、文化形态，成为吉林地域特色文化的重要组成部分。

为了弘扬和保护吉林各民族传统文化，增强文化认同，建设各民族共有精神家园，吉林省民族事务委员会组织编写了《吉林少数民族丛书》，通过介绍今天吉林省境内5个人口较多少数民族的历史、政治、经济和文化发展，向世人展示这5个民族在吉林的概貌及其发展轨迹，阐述5个少数民族文化在整个中华民族文化中的地位、作用及其重要贡献，从而增进各民族相互了解，提高民族自尊心、自信心和自豪感，弘扬优秀的少数民族文化，为建设中国特色社会主义服务。

这套《吉林少数民族丛书》是一部面向广大干部群众的民族知识宣传普及读物。在编写过程中，编者牢牢地把握了促进民族关系和谐与增进民族团结、弘扬民族精神与传播地域特色文化、打好民族牌与推动地方经济社会发展、传承民族文化与保留民族记忆四项原则，务求用生动形象的笔墨，真实地记述吉林各民族的历史源流、人口变迁、社会生活、文学艺术、民族区域自治和历史人物等。值得称道的是，参加这套丛书撰写的，有不少是本民族的专家学者。他们通过对本民族历史文化的研究，不仅以自己对民族文化的熟悉和深刻理解弥补了文献资料和目前研究中的不足，周详细致地完成了本民族历史文化的描述，而且更体现了少数民族历史文化知识的推介对增强民族之间的了解、交流，丰富和推动吉林省民族研究所具有的作用和贡献。

习近平总书记在中央民族工作会议上指出：“民族团结是各族人民的生命线……各民族要相互了解、相互尊重、相互包容、相互欣赏、相互学习、相互帮助，像石榴籽那样紧紧抱在一起。”《吉林少数民族丛书》为读者加深对少数民族的了解，增进民族团结提供了很好的读物。相信在党的民族政策的光辉照耀下，吉林各民族手足相亲、守望相助、携手共进，一定会谱写出民族团结进步更加壮美的新篇章！

《吉林少数民族丛书》编委会

前 言

吉林省位于我国东北地区的中部，是边疆近海省，东部与俄罗斯接壤，东南部与朝鲜民主主义人民共和国相望。东部珲春市距日本仅15公里，距俄罗斯的波谢特湾仅4公里，处于东北亚地理位置的几何中心。

吉林省又是我国重要的少数民族分布省，世居少数民族有满族、朝鲜族、蒙古族、回族、锡伯族和43个其他少数民族。

吉林省还是具有悠久历史的锡伯族的重要分布地区。锡伯是鲜卑的后裔，嫩江流域的大兴安岭地区是锡伯族的发祥地和早期繁衍生息的故乡，后经迁徙流布到吉林地区，再经吉林地区延绵到盛京地区、京师地带、新疆伊犁边陲等。

早在汉代，吉林地区即有锡伯先民鲜卑的踪迹，经吉林省文化局和长春市文管会联合考古，发现了吉林省长春市榆树县老河深汉代拓跋鲜卑墓葬出土的“鲜卑瑞兽”鎏金铜牌饰。

唐代，又有一批锡伯先民室韦来到吉林地域，吉林档案馆珍藏资料记载：唐朝时薛里征东，派程咬金外出搬兵，就是之一，锡伯兵被程咬金搬到扶余，东征结束后，锡伯兵就留在伯都讷，姓氏主要是杨、关、苏、富、佟。

辽代，杨、关、富三大氏族因抵抗辽军而遭到辽太祖耶律阿保机的残酷屠杀，佟、苏两大氏族兵败，远走河西走廊昆仑、祁连一带，后于11世纪末至12世纪初返回吉林伯都讷措草沟。

金代，部分锡伯小黄头室韦降人从嫩江流域迁入吉林省境内。

明代，又有部分锡伯人从依兰地域迁入吉林乌拉，曾兴建锡伯绥哈城。清康熙三十一年（1692），清政府将隶属于科尔沁蒙古的锡伯人“赎出”，编入满洲八旗。驻防齐齐哈尔的锡伯牛录24个，兵丁3 600名；驻防伯都讷的锡伯牛录30个，兵丁4 500名；驻防乌拉吉林的锡伯牛录20个，兵丁3 000名，以上三处共有锡伯牛录74个，兵丁11 100余名。由此可见，当时吉林地区的锡伯兵丁及家属人口约占全国锡伯族人口的2/3。

驻防伯都讷的锡伯官兵于康熙三十二年（1693）又合力修建了伯都讷新城，扩展了吉林伯都讷的知名度。康熙三十八年（1699），清政府将吉林地区的锡伯官兵及家属绝大多数迁徙盛京和京师等地，仅留下吉林乌拉锡伯世管佐领属下的少部分锡伯人驻居。康熙六十年（1721），清政府将一批锡伯人迁回吉林，承担内务府的“鳇鱼差”。此后，直到中华人民共和国成立，加上因各种方式迁入吉林省的锡伯族人，逐渐成为现今吉林省锡伯族的主体组成部分。

1953年，全国第一次人口普查，吉林省锡伯族360人。至2010年，全国第六次人口普查，吉林省锡伯族3 113人。

吉林省锡伯族经历了渔猎、畜牧、农耕等各个经济领域的演变与过渡，并最终完成了以农业为主、各业兼顾的经济生产格局。

中华人民共和国成立以后，特别是改革开放以来，吉林省锡伯族的经济得到很快的发展，人民生活水准得到了极大幅度的提升，如扶余县西达户锡伯族村，改革开放初期的1986年，粮食产量为1 280吨，到2014年增加到3 736吨，人均收入也由1 200元增加到6 300元，各种高档电器较走进了普通农家。

中华人民共和国成立前，吉林省锡伯族只有少数人得到受教育的机会。中华人民共和国成立后，党和政府兴建了两所锡伯族小学，提高了锡伯族学生的就学率，并逐步普及了九年义务教育，不少农家子弟还迈进了大学教育的殿堂。

中华人民共和国成立前，锡伯族人缺医少药，医疗条件落后。中华人民共和国成立后，党和政府在锡伯族人聚居的村屯建立了卫生医疗网点，送医下乡。改革开放后，实行新农合形式，医疗统筹保险，锡伯族人的健康逐步得到了保障。

锡伯族人积极开展体育运动，摔跤等项目曾获得各种奖励。锡伯族人踊跃参加文艺活动，创建了长春锡伯族艺术团等文艺团体，除在吉林省演出外，还到外省市进行演出。

民族团结是一件大事，中共吉林省委、省政府以及吉林省民委深入落实和贯彻中国共产党的民族政策，多次组织少数民族参观团到各地进行参观考察学习。在长春市、吉林市等地先后批准成立了锡伯族联谊会，开展纪念“四·一八”西迁节等行之有效的民族联谊工作。除组建了锡伯屯、达户屯等锡伯族村以外，还在扶余市组建了三骏满族蒙古族锡伯族乡。各级党委和政府积极开展民族团结表彰活动，表彰为民族团结做出贡献的锡伯族代表人物。据统计：中华人民共和国成立以来，吉林省先后有27名锡伯族人被选为省、市、县级人民代表，先后有24人担任省、市、县级政协委员，有12人在省、市、县级民族事务委员会（民宗局）、青年联合会、妇女联合会任委员或担任领导工作。

历史上，无论是在反帝反封建斗争、抗日战争，还是解放战争和抗美援朝战争中，吉林省锡伯族人都做出了很大贡献，很多仁人志士甚至献出了宝贵的生命。

在社会主义革命和建设时期，锡伯族人更是群英辈出，引以为豪，成长出一批优秀的党政领导干部，比较有代表性的是：原吉林省副省长、省政协副主席关俊彦，原中共长春市委书记、长春市市长傅雨田，原吉林省水利厅厅长、林业厅厅长、省人大和政协常委关靖寰，原吉林市副市长、文化部民族文化司司长关鹤童，原中国民主同盟吉林省委员会组织部部长佟咸亨等。

许多锡伯族专家学者、工程技术人员忠于职守，刻苦钻研，在各自的岗位上创建了显著业绩。如中国一汽集团公司高级工程师关雅兰，因科研成果丰硕，多年连续被评为“三八”红旗手。吉林大学行政学院常务副院长、博士生导师韩冬雪，是我国政治学界著名的中青年学者，教学与科研独树一帜。佟氏锡医世家掌握靶相学说，将锡医疗法深层推进等。

如今，吉林省锡伯族人正同全省兄弟民族一道，在以习近平总书记为首的党中央的正确领导下，在吉林省委、省政府的领导下，发扬历史光荣传统，在新的历史时期，做出更大的努力和贡献。

目录

第一章 源远流长的历史足迹

一、锡伯族名与族源

在富饶美丽的边疆近海省——吉林省，世居着一个少数民族——锡伯族。锡伯族是一个历史悠久、勤劳勇敢的民族。虽然人口较少，但却是一个对祖国有巨大贡献的民族。

1. 锡伯族名

锡伯族名，在汉文历史文献中，经常有所变读，有时用同音异写的名称出现，有时用读音相近、易于相假的名称载入史册。有鲜卑、犀毗、失韦、室韦、西棘、西北、席白、席北、席帛、锡卜、什伯、实伯、喜伯等不同的译音和写法，这是由于用汉语拼写少数民族语音时，审音写义不准所致。

锡伯族名的含义是什么呢？古往今来，形成了很多不同的见解。有人把鲜卑解释为带钩，有人认为鲜卑为“祥瑞”之意；有的学者认为锡伯部得名于满语莝草；有的学者认为锡伯系蒙古语栅栏之意；多数学者认为锡伯为森林之意。

2. 锡伯族源

关于锡伯族的族源，历史上众说纷纭，提法各异。

吉林学者高佩群、毕淑梅主编《吉林省少数民族古籍资源保障体系建设研究》一书对锡伯族族源各说进行了认真的梳理，认为锡伯族的族源目前有三种说法。

（1）鲜卑后裔说

最早主张此说的是清代学者何秋涛的名作《朔方备乘》。他说：锡伯利路，本鲜卑旧壤，故有锡伯之名。又说：犀毗（锡伯）带钩，也称鲜卑，语有轻重。据此知，鲜卑音近锡伯。今黑龙江境有锡伯一种，也叫作席北，既不是索伦，也不是蒙古，即鲜卑遗民。

后来成书的《黑龙江外记》《吉林外纪》《黑龙江志稿》《呼兰府志》《开原县志》等皆主此说。近世出版的安俊、吴元丰、赵志强《锡伯族简史》（锡伯文，1985），肖夫执笔《锡伯族简史》（1986），白友寒《锡伯族源流史纲》（1986），贺灵、佟克力编《锡伯族历史与文化》（1989），贺灵、佟克力著《锡伯族史》，吴克尧《黑龙江锡伯族》（2002），以及有关锡伯族的志书，亦皆主此说。这也是当前的一个主流看法。

关于锡伯族源是东胡——鲜卑——室韦——锡伯发展的历史进程，也有十几篇论文。引起学术界注目的是米文平先生的两篇论文。一篇是《英雄民族的摇篮——从嘎仙洞北魏石刻祝文看锡伯族之源流》，载《锡伯族史论考》（1986）。他肯定嘎仙洞鲜卑旧墟石室与北魏石刻祝文，是拓跋鲜卑的祖庙。锡伯族祖先与拓跋鲜卑同出一源。吴克尧先生更进一步指出，锡伯的先人是看庙人。他在《有关锡伯族源的地名信息》一文中对《黑龙江舆地

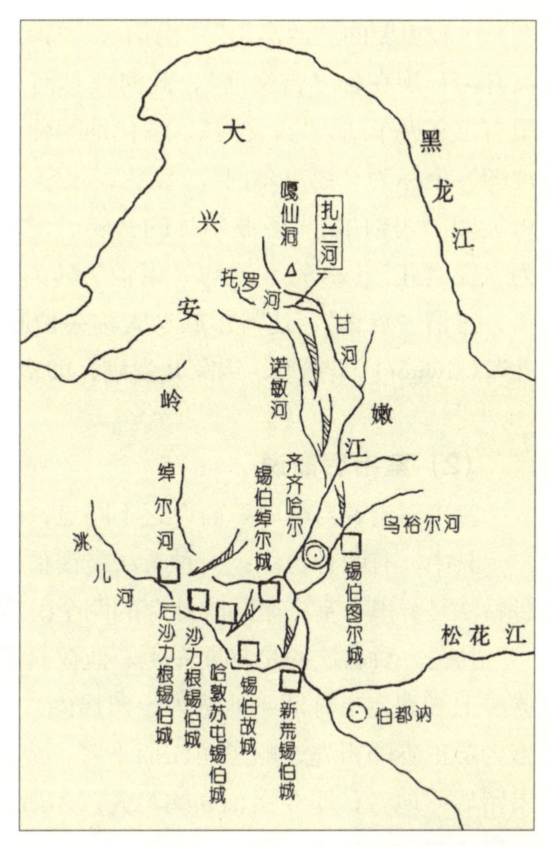

嘎仙洞位置示意图

嘎仙洞外景

图》中较重要的“西窝山”“锡伯河”“锡窝儿河”等进行了考证。认为“‘锡窝儿河’现在称‘吉文河’，此河在甘河上游距嘎仙洞西30公里处。现在这里有吉文火车站。‘吉文河’，清代地图称为‘鸡窝儿河’。在屠寄《黑龙江舆地图》上标为‘锡窝尔河’。显然，汉字‘吉文’系由‘锡窝儿’，‘锡窝尔’可能即‘锡伯尔’‘西彼尔’的音转。”“达斡尔口语有时称‘锡窝’（xiwe）为‘锡窝儿’（xiwr），这与‘锡伯’转为‘锡伯儿’相同。‘锡窝’，达斡尔语，意谓‘森林’，达斡尔族老人称锡伯族为‘锡窝儿爱满’”。因此，“锡窝儿”（xiwuor）即室韦，锡窝儿爱满，即室韦部，意即森林部落。

（2）室韦后裔说

室韦后裔说与鲜卑后裔说之不同点，即室韦后裔说排除室韦源于鲜卑。

其中，有两种看法：一种看法是锡伯族源于黄头室韦（黄头女真）；另一种看法是鲜卑与室韦是同时并存的两个民族，两者没有渊源关系。

持前一种看法的是赵展先生。他在《锡伯族源考》（1980）一文中将锡伯族源追溯到室韦时期。他认为，留居内兴安岭的北室韦、深末怛室韦和钵室韦为鄂伦春的祖先，顺黑龙江而下者，成为赫哲族的一部分；嫩江流域的室韦留居原地者，即今锡伯族的祖先。尔后，室韦之称，不再出现。嫩江流域的室韦是黄头室韦，其后裔是黄头女真，与鄂伦春同祖。既不与满洲同祖，也不属于东胡一支。并认为黄头室韦与室韦中的臭泊部，与锡伯音相近，就可能是其同音异写。

另一种意见，见于李德山、栾凡合著的《中国东北古民族发展史》。该书认为，室韦族出东夷，即商代室韦氏，远祖为祝融。其故地，在今河南长垣县。大约在商末周初，室韦族中的一部分为逃避周的征伐，开始向北方和东北地区迁徙，由东夷而成为东北古民族之一，与东胡、鲜卑、乌桓、肃慎等参杂或相邻而居。至北魏以后又重见于史。一些史书，虽将鲜卑异写室韦，两者是同祖，但准确地说，室韦民族并非源出于鲜卑。

（3）与满洲同源说

在目前发掘出的资料中，持此观点的首推杨宾《柳边纪略》（1696—1707），他说：席白：一作西北，又作席北，在船厂边外西南五百余里土著，自言与满洲同祖。清阿桂《满洲源流考》记：清太宗诏谕嫩江锡伯说：我与尔之先世本是同源。20世纪90年代日人岛田好发表了《锡伯卦尔察部族考》一文，认为：锡伯系由女真之多数氏族所组成之部族，本由所谓锡伯之地名而成部族名，种族上则与满洲民族（满洲本部）固无二致。又说：明代福余卫之女真人即锡伯、绰尔河流域之女真人即锡伯。

徐恒晋、马协弟的《锡伯族源考略》，首先否定了锡伯系鲜卑遗民和鲜卑音转为锡伯的观点，并论证了锡伯是女真人的后裔。其说的根据有三：一是“锡伯”一词，是满语“草”之意，锡伯是源于草沟这一地名；二是引用《清实录》天聪八年（1634）清太宗改诸申为满洲时对绰墨尔根后裔的看法；三是从嫩江流域是锡伯族的故乡、民族分布、变迁情况进一步作了论证。

瀛云萍《锡伯族源新考》重点论述了席北绰墨尔根之裔是女真族一支，并以在瓦房店市发现的《绰墨尔根后世的谱书》作了进一步佐证。该谱书是

鲜卑人嘎仙洞

光绪六年（1880）二月依照原文底本抄录的。该谱书记载：原兄弟三位，在彼处已离散了。

二、吉林锡伯族的来源与走向

1. 汉代锡伯族先民流布吉林

锡伯族是一个历史悠久的少数民族，嫩江流域的大兴安岭地区是锡伯族的发祥地和早期繁衍生息的故乡。据锡伯家庙太平寺石碑碑文记载：青史世传之锡伯部族，祖居海拉尔东南扎兰、陀罗河流域。嗣后，移居墨尔根（今嫩江）、齐齐哈尔、伯都讷（今吉林省松原市宁江区）等地。

海拉尔东南指海拉尔河东部流域和南部流域。东部流域有两条锡伯河，南部流域有两座锡伯山。扎兰河是嫩江水系甘河的支流，陀罗河是嫩江水系诺敏河的支流。

2. 唐代锡伯人进入吉林

唐代，室韦之名已达20余部，为自区分，锡伯称名为“黄头室韦”。当时，随着室韦诸部的大迁移，“黄头室韦”已从大兴安岭北段迁移至嫩江中下游乌裕尔河、绰尔河、洮儿河等流域。唐朝时发生了东征高丽的事件，在征兵时有一部分锡伯人从嫩江、绰尔河一带迁居到吉林地域。

吉林省扶余县档案馆藏档案在记述锡伯族的入迁问题时写道：唐朝时，薛礼征东，派程咬金外出搬兵。就是这一次，锡伯族兵被程咬金搬到扶余。东征结束后，锡伯兵就留在伯都讷。

《吉林省少数民族古籍资源保障体系建设研究》一书也认为，唐征高句丽的最后一次战争，开始于唐高宗乾封元年（666）。司空、英国公李勣为辽东道行军大总管，左武卫将军薛仁贵为右卫中郎将。总章元年（668）二月，进攻扶余城（今吉林省四平一面城古城），大败高句丽军队，连下附近40余

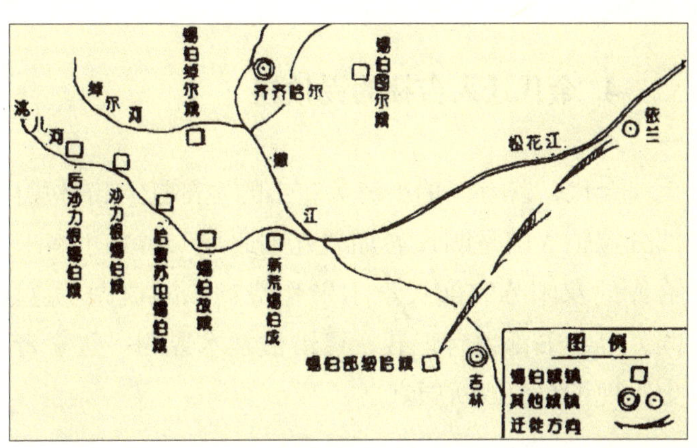

明代锡伯族南迁吉林分布图

城。1958年民族调查时，据扶余县西达户屯的锡伯族老乡说：唐代薛仁贵东征高句丽时派人到室韦征兵。居住在嫩江、绰尔河的室韦，由该族伊亲王（杨姓）、双亲王（关姓）、国亲王（苏姓）、多巡亲王（富姓）和一个白老将军（佟姓）率领五大姓之兵来扶余、前郭一带助战。该五大姓的后裔至今仍居住在扶余县达户屯。

3. 辽代吉林的锡伯族踪迹

辽建国后，“黄头室韦”先是分为“黄室韦”“大黄头室韦”“小黄头室韦”三部，后又分成“涅喇拏古室韦部”“突吕不室韦部”“大黄头室韦”“小黄头室韦”四部，也称“女古皮室四部”。

辽金时代，室韦各部都有很大变化。一部分部落并入辽朝。南室韦的大小二黄（头）室韦，被辽朝编入新八部中的涅喇·拏古喇、拏吕不·室韦部。

辽代，锡伯人曾多次反抗辽国的统治，并遭到镇压，吉林境内的锡伯人也不例外。居住在扶余伯都讷的室韦西北部杨、关、富三大姓氏集团于辽代初（10世纪前后）因抵抗辽军而遭受了辽太祖耶律阿保机的残酷屠杀，几近灭绝。拓跋佟与拓跋苏两大氏族兵败，远走至河西走廊的昆仑、祁连一带，因当地自然环境极端恶劣，生存条件苦不堪言，除少部分拓跋佟和拓跋苏氏族人员留在青海融合于吐谷珲部落外，其大部分拓跋佟、拓跋苏氏族人员和部分吐谷珲部族，还有以吐蕃喇嘛旺增活佛为首的僧侣等，遂于11世纪末至12世纪初返回吉林扶余伯都讷措草沟。

4. 金代迁入吉林的锡伯族

金代，曾有锡伯小黄头室韦的主部迁入吉林境内（今长春市双阳区），这部分锡伯人就是明代参加“九国之战”中卦尔察国人的祖先，也是投诚努尔哈赤的双阳苏完部长索尔果和费英东的祖先。这段历史，《金史》《松漠纪闻》等各书都曾有记载，可惜被学术界的一些学者所忽略，致使吉林锡伯族史出现了空白或断层。

5. 元、明时期的吉林锡伯族

元、明时期，吉林伯都讷等地居住的主要是从青海等地回归的锡伯族人。而居住在吉林双阳一带的锡伯族则有很多往事可叙，尤以明朝为巨。

明初，锡伯族的居地，东达绥哈城（今吉林市西南三十处大绥哈镇通气沟村南山之上）。绥哈城，据说是小黄头室韦所建……嫩江的三条支流——乌裕尔河、绰尔河、洮儿河（达鲁古河洮浯儿河）皆是锡伯族的居地。当时，锡伯部与卦尔察部友好相处，是锡伯部的强盛时期。有下列几件事为证。海西女真乌拉部的始祖纳齐布录（1367—1426），于1383年曾招赘于锡伯国王瓜尔察，娶柳叶公主。明洪武二十八年（1395）脱离锡伯部，永乐四年（1406）二月明授其为塔山卫指挥同知，于乌拉弘尼勒城，建国称王。其二，据瀛云萍《八旗源流》载：原在正统九年（1444），有女真瓜尔佳氏苏完部（今双阳）的一员，在其首领御玉军汗及其子超墨尔根的

明代锡伯绥哈城墙遗址

领导下，北迁于溪泊地方——今嫩江下游以西绰尔河流域，即以地名为部落名，称溪泊部，后讹为锡伯部。女真瓜尔佳氏的一部投奔锡伯部，当时在女真人及东北诸民族中，产生了重大震动性的影响。也说明当时的锡伯部并不畏惧鞑靼的东侵。锡伯族命运的改变是在嘉庆年间，科尔沁占据嫩江流域，锡伯族被役属和统治。1593年又胁从科尔沁参加了征服努尔哈赤的“九国之战”，战后锡伯族更趋于衰落，沦为蒙古王公管下的奴役。

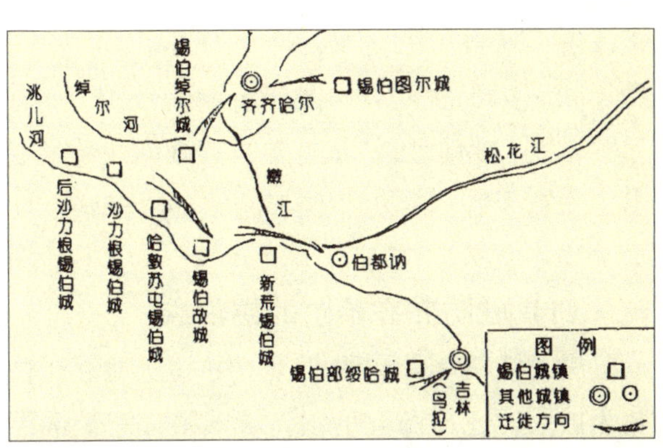

清代锡伯族迁驻齐齐哈尔伯都讷吉林（乌拉）分布图

锡伯绥哈城位置图

明代，还有一支锡伯族从依兰（通河地域）迁到吉林乌拉，在吉林城西建筑锡伯绥哈城。锡伯绥哈城曾因接纳了扈伦国的一个叫万的重要人物而声名远播，由此，很多史书都记载了锡伯绥哈城的名字。如《清太祖武皇帝实录》记：哈达国国主姓纳喇，其主克世纳都督被族人所杀，万遂逃往锡伯绥哈城避难。

生息在锡伯绥哈城的锡伯人，还修建了2座小城，这就是《锡伯族百科全书》所记的席百城和锡伯哩城。这里的锡伯族后来成为清代在吉林编设锡伯20个牛录的重要组成部分。

6. 清代吉林的锡伯族

清代锡伯族编旗是锡伯族历史发展过程中的转折点。其变迁的标志是编旗设佐，从科尔沁之奴，转变为清朝属民——“新满洲”，称“锡伯满洲”。康熙年间，由于沙俄对黑龙江流域的侵犯，噶尔丹在西部的叛乱，驻防东北的兵源枯竭。为加强东北边防，清政府决定将锡伯、卦尔察从科尔沁蒙古中迁出，安置于齐齐哈尔、伯都讷、乌拉三城。具体编旗情况如下：

（1）驻防齐齐哈尔的锡伯族

黑龙江将军萨布素负责筹办，从附近居住的锡伯、达斡尔人内选丁1 200名为披甲，迁往齐齐哈尔，筑城镇守。又选丁2 400名为披甲之附丁。对这些附丁及其家属，迁至嫩江东岸驿路附近方便的地方，仍准其居住原屯，并酌设头目，以便督察。在齐齐哈尔合编成24个牛录。其中锡伯19个牛录兵丁共2 850名；达斡尔5个牛录，兵丁共750名。此5牛录的官员由锡伯族委任，故也称锡伯牛录。驻防齐齐哈尔的原因，据《黑龙江将军衙门满文档案》记：齐齐哈尔最为紧要形势之地，蒙古、锡伯、索伦、达斡尔等所居地界总汇于此，且距通达兴安岭北呼伦等地及尼布楚之地很近，应于齐齐哈尔一带驻兵一队。这部分锡伯兵丁于康熙三十九年（1700）、四十年（1701）分两批经吉林迁往盛京。

（2）驻防伯都讷的锡伯族

康熙三十一年（1692），吉林副都统移驻伯都讷。于是从伯都讷附近锡伯、卦尔察丁内，抽出壮丁2 000名，镇守新筑之城。其中锡伯1 400名、卦尔察600名。锡伯编为30佐领，卦尔察编为10佐领，共40佐领。并将散居于锡拉木伦、养息牧、西辽河等处原科尔沁所管的锡伯人作为附丁，他们的田亩、村寨在多鼐、古鲁地方。康熙三十八年（1699），这部分锡伯佐领及其披甲、附丁从伯都讷迁往盛京。

（3）驻防吉林乌拉的锡伯族

驻防吉林乌拉的锡伯佐领，是在康熙二十九年（1690）和康熙三十一年（1692）两次编佐设旗的。

《清文献通考》记载：康熙二十九年（1690）添设锡伯佐领、骁骑校各1人，兵60名。具体编设情况，据乾隆年间的档案追述，锡伯族人乌尔呼玛是吉林正白旗协领，兼佐领职。其曾祖海色原是科尔沁罗宾图郡王，额济音旗三等台吉噶巴拉所属之人，姓雅雅氏，居住在纳尔浑地方（即伯都讷），任佐领职。康熙十九年（1680），将海色及其族人28名，从宾图王旗抽出，移到吉林乌拉，并授海色之弟（乌拉呼玛叔祖）莫齐塔特为佐领衔，从28名兵丁内挑选14丁披甲，归入正白旗乌达察牛录。康熙二十九年（1690），阿玉西台吉又进献居住在纳尔浑地方的鄂勒维等锡伯丁25名、鄂尔格图等卦尔察丁10名，后又增披甲6名。共55丁，编为一牛录，以莫齐塔特为佐领、鄂勒维为骁骑校，是当时吉林乌拉48佐领中的一个世管佐领。到乾隆七年（1742），该世管佐领下有锡伯丁98名，卦尔察丁22名，共120名。其中锡伯披甲45名，卦尔察披甲10名，共披甲55名。乾隆三十年（1765）该佐领由满洲旗改归蒙古旗管理。到嘉庆十一年（1806），该佐领下有丁63名，闲散70名，幼丁165名。他们及其家属一直在吉林境内生息繁衍。

康熙三十一年（1692），由宁古塔将军佟保奏请，将乌拉附近的锡伯族选丁3 000名，其中1 000名为披甲，2 000名为附丁，移居乌拉。共编16佐领，加上锡拉木伦地方编的4佐领，共20佐领于康熙三十七年（1698）迁至京师。迁移时分编四五队，由乌拉派员管带，自盛京至山海关各处接替，所需口粮，均由该处按户酌给。迁移到京师的锡伯族，一部分被派往顺天府所属的顺义、良乡、三河、东安以及山东德州等地。留在京师的，分散到满蒙八旗当差。有的从满蒙各旗抽调出应差上驷院，或侍卫皇帝、王公大臣等巡幸，为随驾太监备马牵驼、打差。

锡伯族西迁壁画

除了上述编入牛录的锡伯族外，关于吉林锡伯族居住情况，尚有从京师奉命返回伯都讷等地，承担“鳇鱼差”的锡伯人。根据《吉林锡伯族调查报告》中称：这些奉命迁回的锡伯人，分别居住在郭尔罗斯后旗的莫格登锡伯屯（现在属黑龙江省肇源县境内），以及郭尔罗斯前旗的锡伯屯和扶余县的双屯子、达户、罗斯屯、莫拉河等村落。承担此差役者，还赐予“晾网地”，准其“种地不纳粮，养儿不当兵”。他们在“务户里达”（汉语谓总管）的管辖下，不受地方管理直接役属内务府。据查清代内务府档案，并未发现锡伯人进贡鳇鱼的记载，是内务府属下乌和里达衙门，即各领总管衙门管辖的。

吉林省松原市、扶余市、前郭尔罗斯蒙古族自治县是锡伯族的故乡。今吉林省的锡伯族是清代锡伯族世管佐领和乾隆年间返回承担鳇鱼差的锡伯人的后裔。前者属蒙古八旗，是旗人，中华人民共和国成立初期，称满族。现已自报为锡伯族。锡伯族的人口，据《锡伯族史》估算，明朝末年实际人数在15 000人左右。到了顺治末年达到22 000人左右。从康熙朝的编旗时间来看，当时的人口，可能突破3万。当时所编74个牛录，其中在吉林地区的有56个，加上早编的世管佐领，共57个。吉林编旗占70%左右。因此3万中有2万是居住吉林地区的。康熙三十八年（1699）将伯都讷所编锡伯佐领21人、锡伯兵1 400名迁往盛京后，几乎成为空巢。雍正三年自伯都讷移驻卦尔察兵100名时，据《皇朝文献通考》卷一百八十二载，又从卦尔察余丁中选

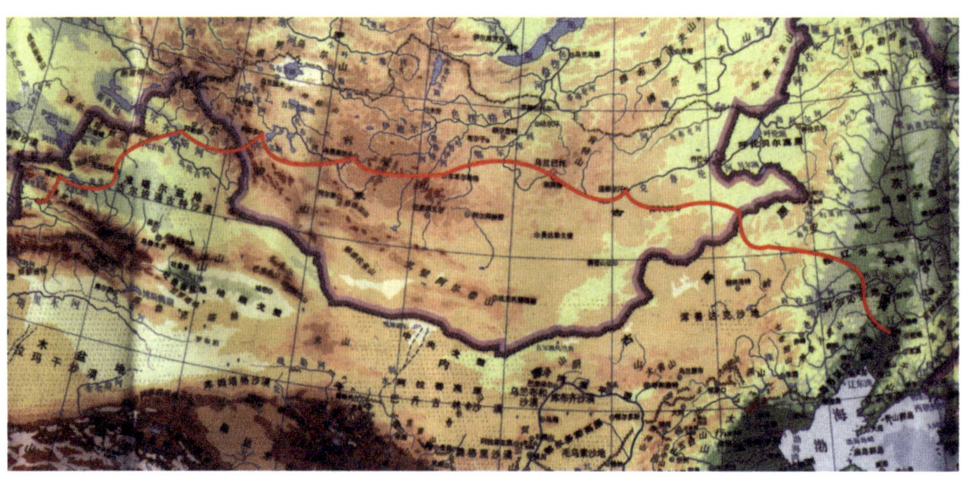

西迁路线示意图

充兵100名，未出现从锡伯余丁拨出的事例。

7. 民国时期的吉林锡伯族

（1）城市锡伯族人的爱国行动

民国时期，军阀混战，日本帝国主义企图灭亡全中国，使中华民族陷入水深火热之中。中国共产党总结了旧民主主义革命失败的经验，正确制定了党在民主革命阶段的纲领，广泛地宣传、发动群众。受此影响，吉林省内的一些锡伯族仁人志士也积极投身到了反帝反封建斗争中。如锡伯族人关俊彦，参加反对奉系军阀以东北5条铁路作抵押向日本借款的爱国斗争。在中国共产党的领导下，关俊彦于1928年创办爱国报纸《民声报》，并担任社长。该报积极揭露日本帝国主义侵略罪行，号召各族人民共御外侮。

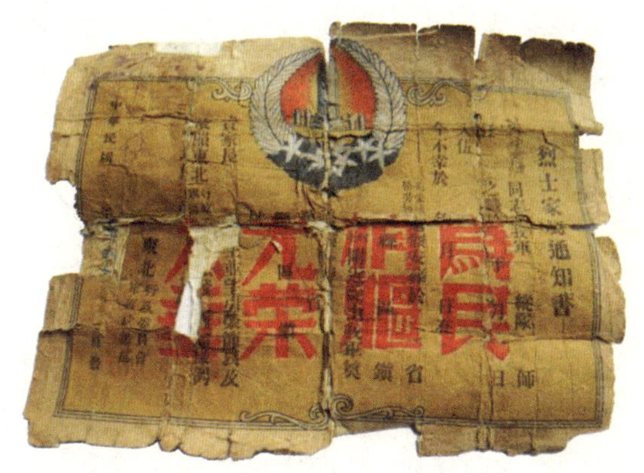

锡伯族烈士通知书

（2）农村锡伯族人的奋起抗争

在清朝统治时期，伯都讷一带锡伯族的管理者是清朝认可和委派的“乌户里达”，那时候锡伯族虽然是“养儿不当兵，种地不纳粮”，但是每年都必须向清廷贡纳“鳇鱼”，为皇帝年节大祭之用。这项沉重的皇差对锡伯族来说是极为苛刻的负担。当清朝灭亡后，封建军阀和蒙古王爷继而又把锡伯族人民置于自己的统治之下。在郭尔罗斯前旗大草原，蒙古王爷把归锡伯族所有的“晾网地”，由方圆20公里缩为2公里；同时又强迫他们去当兵、服徭役和交纳租粮，致使当地的锡伯族人民因疲于租税徭役而日益穷窘；在扶余，军阀政府从1920年借“直罗锅”的名义，向锡伯族人民追收民国以来所积欠的“钱粮大租”以后，种种苛捐就纷至沓来。在这种情况下，军阀官吏相勾结，使许多锡伯人都被迫抬钱卖地。其中扶余的达户屯，到日寇入侵的前夕有

90%以上的锡伯族农户已经卖光了祖先开荒占草时所圈占的土地，成了贫无一垄的雇农或者佣农。

民国十三年时，江北肇源县的恶霸戴意成与军阀政府和当地地主互相勾结，利用在松花江收渔税的机会来扶余强行霸占达户、土木街、下戴家等村屯锡伯族、蒙古族、满族农民的土地。锡伯、蒙古、满族人民看出了军阀政府和戴意成狼狈为奸的真相，知道了想要取得胜利还必须靠自己，于是他们向各地贴出通告：谁要打死戴意成，给谁100万吊。这个动员令更激起了各族农民的战斗勇气，终于在民国十七年戴意成兄弟俩被肇源的老八万、老仓家的两个家奴行刺而亡。

（3）抗日战争中的锡伯族人

1931年九一八事变以后，锡伯族人民和东北各族人民一样，在日寇的压迫和欺凌下陷入了灾难的深渊。那时候，日寇的警察、官吏对锡伯族人民非打即骂，百般敲诈。在这种情势下，不甘心过亡国奴生活的锡伯族和各族人民一起纷纷起来展开了抗日斗争。当日寇侵略东北以后，在党领导的抗日联军中也有许多英勇作战的锡伯族青年。特别是1940年抗日联军第三路军西征部队来到扶余、郭尔罗斯前旗和相邻的黑龙江三肇一带活动时，吉林省锡伯族人民受到极大的振奋。当时人们到处传颂着抗日联军攻取肇源的奇迹，并且满怀着胜利的信念，用种种形式同日本帝国主义进行斗争。扶余县达户屯的锡伯族人杨春霖，在肇源当伪满警察时秘密加入了中国共产党。他被捕后被转移囚禁在鞍山监狱，宁死不屈，最后牺牲于狱中，中华人民共和国成立以后被追认为烈士。

扶余县达户屯锡伯族农民关海楼，1940年北去肇源参加抗日联军，一直战斗到抗战胜利。

（4）解放战争中的锡伯族人

郭尔罗斯前旗锡伯屯锡伯族青年关富海、关海玉、关志海和扶余县达户屯的关守奎参军后，在解放战争中牺牲。

解放战争期间，郭尔罗斯前旗锡伯屯和扶余达户屯的锡伯族翻身农民，响应党的号召，积极参军参战，支援前线。两屯50余户锡伯族农民先后有25名锡伯族青年参加了东北民主联军。锡伯族农民在积极参加土改的同时，积极开展拥军优属活动，为烈军属包耕代耕，受灾减产仍省吃俭用精选好粮交公粮，仅1947年锡伯族妇女就为子弟兵做军鞋3000多双，为支援全国解放战争做出了贡献。

英雄的锡伯族人民积极参加了党领导下的反帝反封建的革命斗争，与全国人民一道，携手并肩，打垮了日本帝国主义，推翻了国民党反动派的统治和几千年的封建剥削制度，获得了自由和解放。

锡伯族刘家1938年合影

8. 参加抗美援朝

中华人民共和国成立后，吉林省锡伯族人民在中国共产党的领导下，政治、经济、文化上彻底翻了身，开始了幸福的新生活，积极参加和投入到社会主义建设事业中。

1950年，美帝国主义发动侵朝战争，并将战火烧到鸭绿江边。吉林省锡伯族人民响应党中央“抗美援朝，保家卫国”的号召，纷纷从军赴朝参战。锡伯屯先后有14名锡伯族青年参加中国人民志愿军，其中刘相玉等在上甘岭战役中牺牲。锡伯族农民也和全省各族人民一道，踊跃参加担架队、大车队、民船队，承担物资运输和运送伤员任务，同朝鲜人民并肩战斗。在“捐献飞机大炮”运动中，每个锡伯族家庭都分别捐款20至30元，两个村的锡伯族村民都在《和平宣言》上签了名。

9. 参加社会主义建设

中华人民共和国成立后，锡伯族人民在各自的岗位上勤奋工作，为社会主义革命和建设事业做出了重要贡献。

在锡伯族人中，成长出一批党政领导干部。他（她）们中主要有：原吉林省副省长、省政协副主席关俊彦；原中共长春市委书记、长春市市长傅雨田；原吉林省水利厅厅长、林业厅厅长、省人大和省政协常委关靖寰；原吉林市副市长兼省民族事务委员会副主任、文化部民族文化司司长关鹤童；原中国民主同盟吉林省委员会组织部部长佟咸亨等。他们发扬党的优良传统，深入实际，深入群众，全心全意为人民服务，受到各族人民的爱戴。

许多锡伯族专家学者、工程技术人员，忠于职守，刻苦钻研，在各自的岗位上创建了显著业绩。他们中有：中国一汽集团公司汽车材料研究所（原工艺处）高级工程师关雅兰（女），吉林大学教授韩冬雪，白求恩医科大学校长、教授吴家祥，中医药专家那中凯，长春市医学科学研究所主任医师关英，吉林教育学院教授关达，等等。

他们勤勤恳恳，努力工作，为建设吉林、繁荣吉林做出了不可磨灭的贡献，同时也为吉林锡伯族增光扬彩。

10. 当代吉林锡伯族的构成

中华人民共和国成立以后，特别是改革开放以来，因各种原因迁入吉林省的锡伯人也很多，迁入方式主要是：入境结婚、工作调入、接收大中专毕业生和转业复员军人，以及外地迁来境内投亲、经商或从事长期劳务等。

对于当代吉林省锡伯族的构成，《长春市志·少数民族志·宗教志》记载也很明确：现居住在扶余县的锡伯族，是未南迁的锡伯族世管佐领属下人口。这部分人口中的壮丁，嘉庆十一年（1806）统计298人。另一部分是从南迁人口中遣回的包衣，……遣回的锡伯人住伯都讷地方松花江沿岸，承担鳇鱼差务，赐给晾网地，这种人口隶属于京师内务府。今住在郭尔罗斯前旗吉拉吐乡和扶余县四马架乡达户屯的锡伯族祖先，即属于此类人口。清代长春府辖地无锡伯族，今长春市区及五县（市）的锡伯族人口，绝大多数是从外地迁入的。例如，1953年人口普查，长春市区锡伯族14人，原吉林省副省长关俊彦（锡伯族）家族先祖系锡伯族南迁盛京后驻防开原的。他本人于宣统三年（1910）到延吉府述职，抗日战争胜利后调转长春任公职，全家相随落居长春。1953年市区锡伯族人口中，关姓家族占大多数。锡伯族姓氏中，长春地方以关（瓜尔佳氏）、何（何叶尔氏）、苏（苏木尔氏）、吴（吴扎拉氏）、胡（胡西哈里氏）、佟（图克色里氏）、韩（哈斯胡里氏）等姓为多。

三、姓氏与人口

1. 吉林锡伯族姓氏

锡伯族人将同一血缘为纽带的一个氏族组织，称为“哈拉”。“哈拉”多以所居的山河命名，即为该“哈拉”所有成员的姓氏。“哈拉”传至数代，就要分出几个新的氏族，称之为“莫昆”。

锡伯族的姓，本来都是复音姓，没有单音姓。随着时间的推移，社会的发展，锡伯族的姓也在逐渐地发生变化，由原来的复音姓变为现在的单音姓了。

在锡伯族人广泛地使用汉文以前，其姓氏与汉字姓无关，如瓜尔佳氏、苏木尔氏等。清朝末年，因通用汉语汉文，原姓氏便都又有了汉字姓。后来通用的汉字姓，大多是原有姓氏汉译后的简化，如“苏木尔”氏简称为“苏”姓，“瓜尔佳”氏简称为“关”姓等。也有的后来姓氏为纯汉姓，如马姓等，此种情况系锡伯女子与汉族男子通婚后，子女族别从母，姓氏从父所致。

根据我们统计，到2015年，吉林锡伯族共有66姓，其中简化原姓氏而使用汉字姓的有45姓。

2. 吉林锡伯族人口

中华人民共和国成立以后，党和政府重视人口普查工作，共进行了6次人口普查工作。

1953年全国进行第一次人口普查，吉林省在册锡伯族人口只有360人。其中，长春市锡伯族人口14人；吉林市锡伯族人口12人；扶余县锡伯族人口

229人；郭尔罗斯前旗锡伯族人口102人；珲春县锡伯族人口2人；延吉市锡伯族人口1人。这一次人口普查特点十分明显，吉林锡伯族人分布在城市的极少，主要分布在县、乡农村。

由于党的民族政策深入人心，少数民族在社会上享有许多优惠待遇，一些曾经隐瞒族籍的锡伯族人，自愿地申报并恢复了锡伯族族籍。1964年第二次人口普查，吉林省锡伯族人口685人，其中，长春锡伯族人口62人；扶余县、前郭尔罗斯蒙古族自治县两个聚居村锡伯族人口505人，占全省锡伯族人口总数74%，其余散居于全省各地。

1980年4月24日，吉林省公安厅、省民族事务委员会根据国家有关部门通知精神，发出了《关于更正民族族别的通知》，进一步落实了民族政策，又有一批锡伯族人申报改正族籍，再加上自然增长和工作调入人数，全省锡伯族人口数有了较大增长。1982年全国第三次人口普查时，全省的锡伯族人数，比1964年增加1.4倍。其中居住在扶余、前郭尔罗斯蒙古族自治县的有862人。

1982年第三次人口普查，吉林省全省有锡伯族人口1 559人。

城市中的锡伯族

1990年第四次人口普查，吉林省全省有锡伯族人口3 452人，其中，男性1 803人，女性1 649人。其中，长春地区锡伯族人口630人，市区人口594人，外五县（县）锡伯族人口36人。

2000年第五次人口普查，吉林省全省有锡伯族人口3 168人，其中，男1 649人，女1 519人。

2010年全国进行第六次人口普查，吉林省锡伯族人口为3 113人，其中男1 622人，女1 491人。

四、吉林锡伯族家谱

家谱是记载祖先历史源流、家族世系、明确尊卑、昭示家训、记录业绩、颂扬功德、维系家族血缘关系的历史资料，也是每个家族的青史。诚如《松原统战史》所记载：据有关文史资料显示，中国有国史、县志、家谱三大历史，它涵盖了中华民族的繁衍、生存和发展，承载着数千年中华民族特有的传统和文明。

锡伯族续立家谱的时间比起汉族要晚得多，主要是明清以来才陆续撰修。

锡伯族有重视编续家谱的传统。经过战乱年代和“十年浩劫”，使很多家谱遭到焚毁和损失，保留下来的家谱，今天已成为珍贵的民族遗产，为研究民族历史和文化发展提供了难得的历史资料。

现将吉林省有代表性的4个锡伯族家谱做以简单介绍。

1. 哈什胡里氏（韩）启昆家谱

哈什胡里氏（韩）启昆家谱是长春市绿园区环境卫生运输管理处党支部副书记、工会主席韩舒梅提供的。韩舒梅是中国第一汽车集团公司改装厂（原越野厂）离退休干部韩晴（原名韩启勋，出生于沈阳市于洪区马三家镇边台村）的长女。韩启勋与韩启昆是同祖同宗叔兄弟。

哈什胡里氏（韩）家谱首先记载了初居地和始祖的名字。家谱开头“哈什胡里氏，初定居黑龙江所属墨尔根城和雅鲁河流域时，始祖雅奇布有二

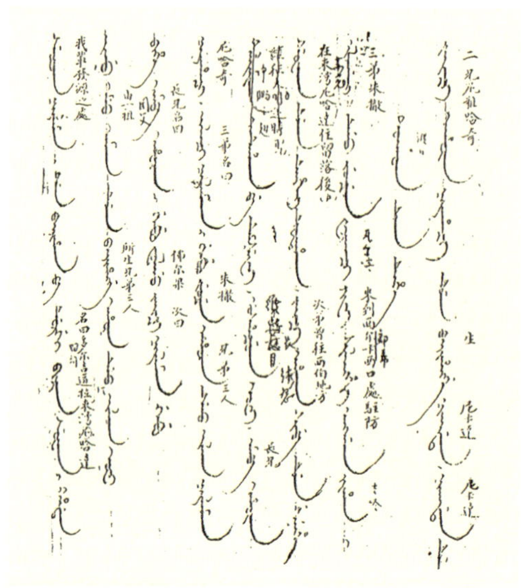

锡伯族家谱内文

子。长子名曰乌苏布，次子名曰乌苏买。哈什胡里氏（韩）家谱谱序印证了锡伯族人从大兴安岭嫩江上游逐步迁徙到嫩江中下游的走向。

哈什胡里氏（韩）家谱随后记载了锡伯人与蒙古人的密切关系：当时有一位异姓人，名叫哲海，以行医治病为业。鄂尔胡买与他结拜为弟兄，并由此地徙往西边，游居于郭尔罗斯王公所属塔尔浑地方，生息30余载，从此改称蒙古人了。

哈什胡里氏（韩）家谱接着记述锡伯人如何从蒙古王公处赎出，在黑龙江齐齐哈尔地方驻防，迁到吉林伯都讷，又迁到盛京的过程。

哈什胡里氏（韩）家谱最后记述的是区别辈分的排字共20字，即“永远常兴国　宝会维启恒　溥明继先德　学博振家庆”。

2. 瓜尔佳氏（关）俊彦家谱

瓜尔佳氏（关）俊彦家谱由原吉林省广播电影电视厅音像管理处处长关鹤枫提供。此家谱于1988年11月，由国家文化部文化司司长关鹤童续谱整理。

瓜尔佳（关）氏家谱，是吉林省锡伯族老前辈，早期参加革命坚持抗日斗争的领导者，吉林省人民政府原副省长、吉林省政协原副主席关俊彦整理发表，流传给关氏家族的珍贵历史资料。关鹤童、关鹤枫是关俊彦的三子、四子。

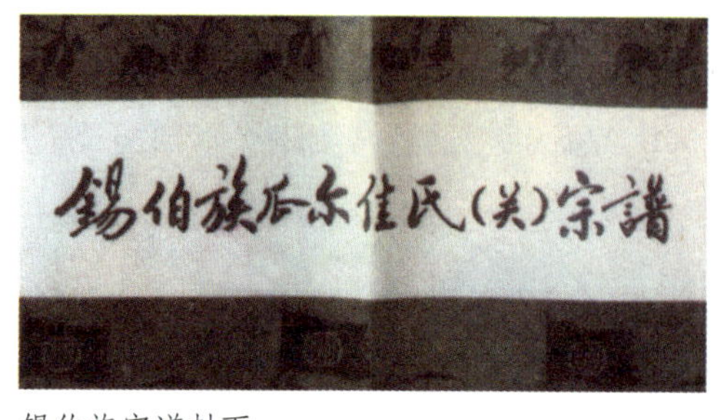

锡伯族家谱封面

瓜尔佳（关）氏家谱，明确记载：“开原铁岭等地的关氏家族‘于明初到伯都讷（今吉林省扶余县）'。在第一次大迁徙中又由伯都讷迁往开原大湾屯、老虎头及铁岭西三台子等地。”

这份锡伯族瓜尔佳氏家谱，得到了北京中国歌剧舞剧院关坤凡的家谱和北京首钢高级工程师关岳的家谱证实。关坤凡的家谱从八世以上，关岳的家谱则从六世以上皆与老谱完全相同。老谱现还有两份，分别保存在开原市中医师关承泽和北京苏文家中。

3. 瓜尔佳氏（关）锡龄支老家谱

瓜尔佳氏（关）锡龄支老家谱由吉林省林业厅副巡视员、省政协委员关清康与其长兄关清和提供。系瓜尔佳氏（关）第二十一世北京首钢退休高级工程师关岳（关锡龄第8孙）于2007年6月编制，2009年3月再修改，2015年6月重新审定并补写家谱序言。

瓜尔佳氏（关）锡龄支老家谱明确记载：

第一世始祖就是元朝当时在双阳地区敕封的锡伯国的首领。老家原住地苏湾哈达（東湾尼哈达、多尔吉逼拉東湾尼哈达）就是今天的吉林省长春市双阳地区。

第一世始祖去世后，王位世袭给长子佛尔胡（第二世），次子尼雅哈琪（第二世）和三子朱琪（第二世）都离开了双阳地区。

第二世尼雅哈琪是瓜尔佳氏（关）锡龄的直系祖先，这支去了西伯地方。其后代根据自身情况和清朝的政策，逐渐向南迁徙，详细过程不清。第六世兄弟三人在什么地方分手的也不清楚。

第二世朱琪这支去了西尔卡西口驻防，后来又返回到双阳地区。

4. 图克色里氏（佟）家谱

图克色里氏（佟）家谱，为吉林省民俗学会锡伯族医药文化遗产研究中心创始人，长春市民族事务委员会原党组成员佟靖飞提供。

图克色里氏（佟）家谱谱序中记述了图克色里氏（佟）迁居吉林，后又从吉林迁徙盛京的脉络。

锡伯家庙匾额

图克色里氏（佟）家谱是这样记述的：图克色里，译音佟姓。西（锡）伯族也。西伯人，初起于北昆仑山阳，其地沙石不毛，苦于耕牧，元末，辽金称帝，迫兵燹，迁于伯都讷（今吉林新城）附近，措草沟处。由措草沟迁居此地，时在康熙四年（1665），随军拨归奉天镶蓝旗满洲第二佐领下。尚有一支，居于城北荒岗，又有一支，居于中后所、北韃子营。本支始为兄弟四人。

尤其值得重视的是，图克色里氏（佟）家谱中记载了“世守之则”即家规十条。现择要选记其中前四条：

第一条：本宗谱之设，所以祀先，惟代久年湮无由调查，谨按本支之先人，使后世子孙，稍知本流，以存观忠。祭祀时，均用果品蔬菜之素餐。

第二条：敬先祖，睦宗族，以为孝悌之本，凡族中子弟有不善者，皆得尽训诲之责，不可有亲疏之见，而子弟对于族中尊长，均须恭顺，亦不可存亲疏之见。

第三条：凡分居者，各宜备宗谱一份，以知己之远源。每30年，各族通修一次，其地点时间，皆临时核定，但此30年中，遇有死亡者，得由子弟记其事迹，以备通修时，记录于事迹栏内。

第四条：此次排定字数为：先远垂鸿业，芳承晋文明，守全宣懋振，嘉耀世英荣。计20字。即20代也，不论远近宗支，历代均遵此字命名。

仅从上述家规中，就可以鲜明地看出锡伯族人遵从辈分，孝敬祖先的优秀传统。

第二章 和谐平等的社会政治

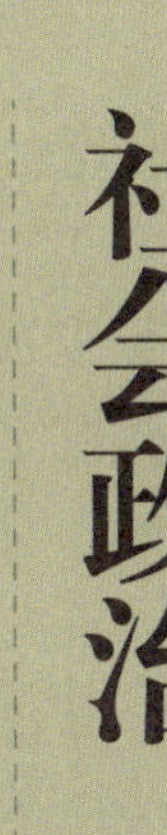

一、享受民族平等权利

1. 民族平等、参政议政

在中国共产党领导的解放战争中，吉林全省各地陆续解放，锡伯族人民翻身得解放，摆脱了阶级压迫，实现了民族平等，充分行使人民当家做主的权利。省及各市、县人民代表大会均有锡伯族代表，其中有一部分人参加了中国共产党，并进入各级党政领导部门和群团组织中工作。

自中华人民共和国成立以后，包括改革开放至今，据不完全统计，吉林省先后有27名锡伯族人被选为省、市、县级人大代表；先后有24人担任省、市、县、区级政协委员；有12人在省、市、县级民族事务委员会、青年联合会、妇女联合会任委员或担任领导工作。

锡伯族儿童

（1）吉林省各级人民代表大会锡伯族代表

吉林省人民代表大会锡伯族代表：吉林省人大常委会委员关靖寰，曾任吉林省水利厅厅长、省人大代表；前郭尔罗斯蒙古族自治县人大代表关学英（女），曾任前郭尔罗斯蒙古族自治县吉拉吐乡妇女主任；吉林省人大代表吴家祥，原白求恩医科大学校长、教授；佟连发，扶余县四马架乡东达户村生产队会计；付国臣，扶余县四马架乡西达户村生产队长；佟学广，扶余县四马架乡东达户村农民；刘宝才，前郭尔罗斯蒙古族自治县吉拉吐乡锡伯屯农民；关宇坤，前郭尔罗斯蒙古族自治县文体局副局长兼民族歌舞团团长；杨可新，扶余县四马架粮库工人；关振国，扶余县四马架乡明安村农民；关维民，扶余县四马架西达户村农民；关振生，扶余县四马架乡西达户村农民。

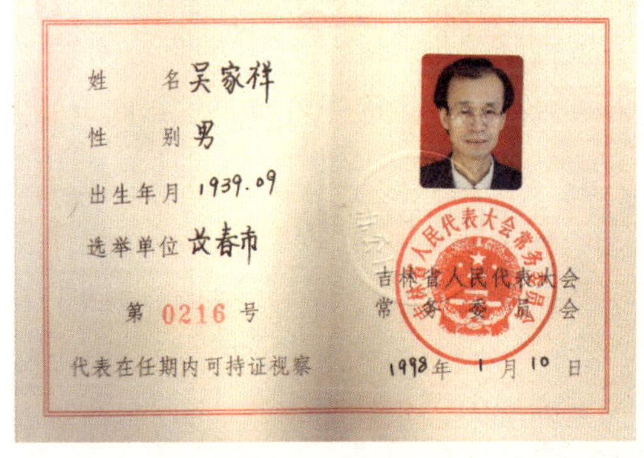

吴家祥的吉林省第九届人民代表大会代表证

吉林省各市县人民代表大会锡伯族代表有：关承时、关品三、关振荣（女）、关守兴、苏文毓、苏发、关守才、张彦鹏、刘秀云（女）、刘湘彬、高光霁、胡爱萍（女）、关清康、那中凯、何纬寰等。

（2）吉林省各级政协锡伯族委员

吉林省政协锡伯族委员：吉林省政协常委，关俊彦，政协吉林省委员会副主席；关靖寰，吉林省水利厅厅长；关鹤枫，吉林省广播电视厅音像管理处处长；黄俊峰，长春工业大学（原吉林工学院）基础部立体研究室副教授；关清康，吉林省林业厅副巡视员、高级工程师；关今（女），民盟吉林省

中国人民政治协商会议
吉林省第七届委员会
委员证

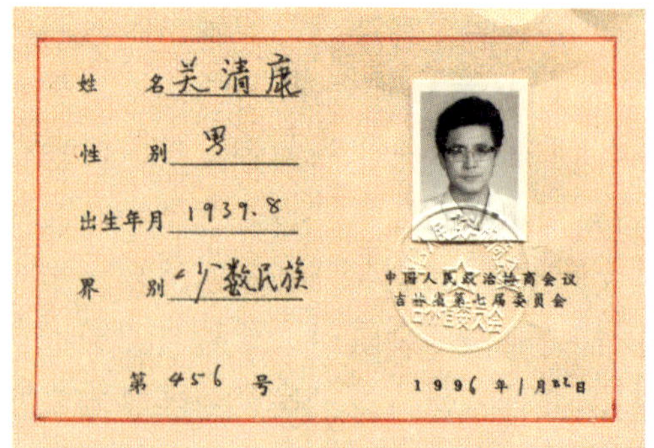
姓　　名 关清康
性　　别 男
出生年月 1939.8
界　　别 少数民族
中国人民政治协商会议
吉林省第七届委员会
第 456 号
1996 年 1 月 22 日

关清康的中国人民政治协商会议吉林省第七届委员会委员证

委员会副主委兼秘书长。

吉林省各市县政协锡伯族委员有：关正红（女）、佟靖飞、关雅兰（女）、赵玉谦、韩瑛（女）、王夏冰、石一凡、关越、苏文毓、关振生、关振国、关维民、付学、关惠君、刘湘彬、何纬寰、何炜、张苓等。

（3）吉林省各级民委、青联、妇联锡伯族委员

吉林省各级民委锡伯族委员有：关鹤童、佟靖飞、关荣华（女）。吉林省各级青联锡伯族委员有：关雅兰（女）、安建、关惠君、关振荣（女）。吉林省各级妇联锡伯族委员有：关正红（女）、胡爱萍（女）、关莉（女）。

2. 民族团结表彰

在社会主义建设中，吉林省锡伯族人，奋发进取，努力工作，在各条战线上涌现出一批模范人物、先进工作（生产）者，其中有15人受到省、市、县党委和政府的表彰与奖励。如长春市翔运小学高级女教师、长春市锡伯族联谊会首届理事长关纯，1985年11月被中共吉林省委、吉林省人民政府授予“吉林省民族团结进步模范”称号。吉林林学院副教授关德林，1985年被吉林市人民政府授予“吉林市特等劳动模范”称号。

1990年以来，在开展民族团结进步活动中，长春市锡伯族联谊会获得省、市政府表彰奖励，授予“民族团结杯奖”及“民族团结进步先进集体”称号。

2011年5月，吉林省民族事务委员会授予三骏乡西达户村为吉林省“民族团结进步创建活动示范村”。

2011年松原市政府授予锡伯屯村“民族团结进步先进单位”称号。

2015年6月吉林省政府授予三骏乡政府为吉林省“民族团结进步先进集体”。

3. 开展民族事务活动

中华人民共和国成立后，吉林省锡伯族人民在各级党委与政府的统一组织安排下，积极开展民族事务活动。

1958年8月，按照中国科学院的部署，中国科学院民族研究所吉林少数民族社会历史调查组，深入到锡伯族聚居的扶余县达户屯和前郭尔罗斯蒙古族自治县的锡伯屯进行调查。与此同时，吉林省民族事务委员会和扶余县民族事务委员会、前郭尔罗斯蒙古族自治县民族事务委员会以及新疆少数民族社会历史调查组也在扶余县、前郭尔罗斯蒙古族自治县两地开展了对锡伯族的社会历史调查活动。此项调查活动，不仅为《锡伯族简史》《锡伯族简史简志合编》和《吉林省少数民族概况》的编写工作提供了宝贵的资料，同时也进一步宣传了党的民族政策，很多原来错报了族籍的锡伯族人此后主动申报作了改正。

4. 组织少数民族参观学习

每当国家重大庆典年份，党和政府都组织少数民族参观团赴京参加庆祝活动和赴全国各地参观。国家民族事务委员会和吉林省组织的几十次少数民族参观团，每次都有锡伯族的代表参加。扶余双屯子的苏发、苏万金、苏万生、苏文毓，达户屯的关振生、关维民、富国臣，明安村的关振国和前郭尔罗斯蒙古族自治县锡伯屯的刘湘彬、关海、关代来，吉林市的关振荣等都参加过参观团。1982年4月29日至6月15日，扶余县四马架乡敬老院会计、锡伯族青年关文学参加了国家民族事务委员会组织的边疆少数民族青年参观团，到北京、南京、苏州、杭州、上海等地参观学习。5月1日，在京受到党

锡伯族舞蹈演员

和国家领导人邓小平、李先念、彭真、邓颖超的接见。在京期间，参观团的5名锡伯族青年与北京市锡伯族同胞一起举行了“四·一八”纪念活动。

二、吉林省锡伯族社团组织

历史上，吉林省锡伯族从未成立过任何社团组织。直到中华人民共和国成立以后，特别是改革开放以来吉林省才逐渐成立了锡伯族社团组织。

1989年，吉林省省会城市长春市成立了吉林省历史上第一个锡伯族社团组织——长春市锡伯族联谊会，随后吉林市也组建了吉林市锡伯族联谊会。长春市锡伯族联谊会于2004年宣布注销。

2007年，吉林省成立了吉林省民俗学会长春锡伯族文化专业委员会。

1. 吉林省长春市锡伯族联谊会

在东北三省，辽宁省是第一个成立锡伯族联谊会的省份，率先成立了沈阳市锡伯族联谊会。受其影响，1988年黑龙江省分别成立了齐齐哈尔市锡伯族联谊会和哈尔滨市锡伯族联谊会。辽宁、黑龙江两省纷纷组建锡伯族联谊会对吉林省锡伯族触动很大，省城长春的锡伯族人也决定成立长春市锡伯族联谊会。

1989年3月23日，长春市锡伯族同胞在市民委锡伯族干部佟靖飞和关纯等人联络下，在关鹤枫、黄俊峰、关鹤仲、何纬环、何文才、何滨、关键、梁国权、关彦平、韩舒梅、赵霁虹、吴家媛、梁伟、刘英华、张苓等同志的支持下，召开了座谈会。会上正式选举产生了长春市锡伯族联谊会筹备组，以及组长、副组长、秘书长等人选，制定了锡联会章程草案。之后，先后召开了十几次研讨会，统一思想，制定锡联会章程，起草成立锡联会筹备工作情况报告，向市民委汇报了筹备工作情况。

长春市锡伯族联谊会领导与市领导合影

1989年11月12日，召开筹备组扩大会议。会议上填写会员登记表，入会人员40余人，产生了锡联会第一批会员，推荐首届锡联会理事候选人名单。

1989年12月9日，长春市锡伯族联谊会筹备工作组在长春市政府二楼会议室召开了长春市锡伯族联谊会首届代表大会。参加这次会议的人员有：长春市锡伯族会员代表，长春市锡伯族同胞列席代表，长春市锡伯族联谊会特邀代表，其他兄弟民族代表，特邀长春市有关部门领导和工作人员，共计100余人。会上，经会员代表大会选举，产生了长春市锡伯族联谊会第一届理事会理事长、副理事长、秘书长、理事、特邀理事、名誉顾问。

自1989年长春市锡伯族联谊会正式建立以来，积极地创造性地开展民族团结进步活动，坚持一年确定“一个主题”，一年突出“一个重点”地开展本民族传统节日活动，这项节庆活动展示了锡伯民族的时代精神风貌，加强了锡伯族同胞开展对内对外沟通联系和增进友谊，以及同兄弟民族间的团结和联系，受到市委、市政府和市民委领导的大力支持、热情关怀、充分肯定。

锡联会树立和培养了一批现代优秀人物：关纯（女）、张苓、佟靖飞、何

同胞联谊

滨、梁伟（女）、关静文（女）等，在此期间他们先后被省、市政府分别授予“民族团结模范”“民族系统抗洪贡献突出奖”及“民族团结进步先进个人”荣誉称号。

2004年，因社团机关规范社团组织要求和经费紧张，经长春市民政局批准正式注销长春市锡伯族联谊会。

2. 长春锡伯族文化专业委员会

从2004年8月至2007年7月，长春市锡伯族同胞处于无社团组织的3年时间里，一是感到对外联系锡伯民族社团组织交流工作无依托，没有名分，不好答复；二是本地区锡伯族同胞和外地锡伯族同胞捐助活动时，无明确赞助对象，不便联系接收；三是外地锡伯族同胞和本市其他兄弟民族团体开展民族活动时，感到联系极不方便。鉴于上述原因经长春市锡伯族部分省、市人民代表和政协委员及原锡联会的部分老同志研究，决定筹备组建长春市锡伯族新的群团组织。经与吉林省民俗学会联系、沟通确定在吉林省民俗学会属下筹建二级学会——长春锡伯族文化专业委员会。

2007年7月7日，吉林省民俗学会长春锡伯族文化专业委员会（以下简称“锡文会”）成立大会在长春市老干部活动中心会议室举行。参加会议的锡伯族同胞180余人，还邀请了本市兄弟民族学会领导及兄弟民族代表参加会议。

成立大会上选出吉林省民俗学会长春锡伯族文化专业委员会主任、名誉主任、副主任、秘书长、常务委员、委员、特邀顾问。

“锡文会”成员欢聚一堂

锡文会成立后，组成学习考察团前往哈尔滨、齐齐哈尔、内蒙古阿里河镇等地，先后考察了锡伯族祖居地嘎仙洞、富裕县三家子满族学校、哈尔滨

长春锡伯族庆祝西迁节

市锡伯族风情园等民族文化设施，收获颇丰。

锡文会与吉林省预防医学会自然医学专业委员会结成了友好社会团体。在吉林省民俗学会施立学理事长带领下，于2008年初“两会”共同到长春市德惠米沙子镇、九台市莽卡满族乡、吉林市龙潭区乌拉街满族镇开展考察秸秆煤环保项目、开发松江古渡口和乌拉街满族文物保护等活动。

锡文会协助长春市民委为过好锡伯族西迁节等传统民俗节日，做了大量工作，形式灵活多样，突出了锡伯族文化特色。

锡文会编撰出版了《锡伯先祖传记》，受到多方面的肯定和好评。长春锡文会近年来多次出席外地召开的锡伯族学术研讨会，发表了多篇有关锡伯族族源、民族语言、民族历史、民俗文化等为主题的学术论文。还为全国编撰《中国少数民族古籍总目提要》编写纲目提供《锡伯先祖群相谱》，为《中国锡伯人》编写组提供长春市50多名的人物传记和文史资料。精心组织修改《长春锡伯族》一书，此书已于2015年12月在吉林省文史出版社出版。

参与组织2015年9月25日由中共吉林省委宣传部、吉林省民族事务委员会、吉林省文化厅、吉林省文学艺术界联合会举办的吉林省首届少数民族风情摄影展，其中一幅“锡伯族快乐的浴足节”荣获银奖。

三、吉林省锡伯族社会活动

1. 锡伯族纪念“四·一八”活动

改革开放以来，伴随着全国各地锡伯族纪念“四·一八”活动的陆续开展，吉林省各地锡伯族也开始举行“四·一八”西迁纪念活动，特别是长春市锡伯族联谊会、吉林市锡伯族联谊会和吉林省民俗学会长春锡伯族文化专业委员会成立以后，吉林省各地纪念锡伯族“四·一八”活动开展得有声有色。距离偏远的前郭尔罗斯蒙古族自治县锡伯屯村和扶余市三骏满族蒙古族锡伯族乡达户村的锡伯族虽然没能单独纪念锡伯族“四·一八”西迁活动，但他们每次都设法派出代表参加省城长春的锡伯族纪念活动。

吉林省锡伯族各社团组织认真遵循党的民族政策，团结和教育锡伯族同

锡伯族纪念“四·一八”西迁节文艺演出

纪念西迁

胞，继承和发掘本民族历史文化遗产，响应党和政府根据不同时期中心工作所发出的号召，组织本民族同胞学时事、学政治、学经济、学管理，为增进各民族大团结做了一些有益的工作，得到了吉林省委省政府、吉林省各级民委等有关部门的充分肯定和重视。

在纪念锡伯族“四·一八”活动中，吉林省长春市锡伯族纪念“四·一八”活动最引人注目。据不完全统计，共举办了14次纪念“四·一八”活动。其中，1990年的纪念活动进行得最有特色。1990年5月12日（农历四月十八日），长春市民委在长春市朝鲜族群众艺术馆，隆重召开纪念锡伯族“四·一八”西迁节226周年大会。此次活动的主题是“继承发扬锡伯民族爱国主义传统，为中华民族团结进步事业做贡献”。上午，长春市200余名锡伯族同胞身穿崭新的民族盛装，一大早就汇集在朝鲜族群众艺术馆认亲聚会。下午，长春市民委隆重召开“四·一八”西迁节纪念会。市委常委、市委宣传部部长杨继笑，市人大副主任杨迪，市政府副市长刘飏，市政协副主席刘长有以及市委统战部、市民委等有关部门领导到会祝贺节日。刘飏副市长代表市委、人大、政府、政协四大班子讲了话，她那热情洋溢的话语不时被阵阵掌声所打断。满族、朝鲜族、回族、蒙古族、高山族、赫哲族等兄弟民族代表到会表示祝贺。省、市新闻单位及时予以报道。伴随着欢快的舞曲，锡伯族同胞与市领导及各族代表翩翩起舞，愉快地度过了一年一度的传统节日。散会之后，锡伯族同胞三三两两交谈节日当天的感受，久久不肯离去。

在这次纪念“四·一八”西迁节活动中，杨迪同志还即兴朗诵了诗作《唱吧》。诗中写道：“……唱吧，为中华民族的强盛，为着人民生活的幸福，让我们把那欢悦、奋进的歌高唱……如果你在奔跑、开拓的路上，遇到坎坷、阻碍，那就让心连心的各族人民，手挽着手，把顽强冲刺的进行曲齐唱……”

2. 赴外地与锡伯族同胞交往

吉林省各地的锡伯族，特别是省城长春市的锡伯族，他们不但自身开展锡伯族联谊活动，而且还能走出去到外省区参加各种纪念活动，特别是远赴新疆与外地锡伯族进行联谊交流，认真贯彻落实党的民族政策，不断增进民族团结工作的力度和广度。

吉林省锡伯族赴外地与锡伯族同胞交往10余次，他们奔赴新疆、黑龙江、辽宁等省、自治区。其中，1988年市民委组织的锡伯族赴沈阳探亲访问活动最为隆重。

1988年6月，长春市锡伯族赴沈阳探亲访问团，以市民委主任、市政协常委马鸿超（回族）为团长，黄俊峰（锡伯族，吉林工学院副教授、省政协委员）、关纯（女，锡伯族，翔云小学高级教师、省民族团结模范人物）、赵宏贤（锡伯族，市纺织服装工业管理局科长）为副团长，白德彰（锡伯族，长春电影制片厂导演）为秘书长，佟靖飞（锡伯族，长春市民委秘书科科长）等一行30人，应辽宁省锡伯族史学会、沈阳市锡伯族联谊会的邀请，于6月4日抵沈。参加为期3天的纪念锡伯族西迁224周年庆典活动。受到了辽宁省民委、辽宁省锡伯族史学会、沈阳市民委、沈阳市锡伯族联谊会的热情接待，辽宁省和沈阳市有关领导亲切会见了访问团的全体成员。

探亲访问团全体成员在沈阳市北陵公园参加了“四·一八”西迁节游园大

长春市锡伯族欢庆“四·一八”西迁节

相聚在沈阳的锡伯族两代学者

会。与沈阳市的锡伯族等各族人民和来自新疆、内蒙古、黑龙江、吉林市、丹东市等地赴沈的锡伯族代表们欢度佳节。马鸿超在联欢会上致了贺词。联欢活动，载歌载舞，气氛热烈。下午，探亲访问团拜谒了全国唯一的锡伯族家庙——沈阳“太平寺”。访问团成员在锡伯族家庙前合影留念。长春市锡伯族赴沈探亲访问团于6日从沈阳乘火车返回长春。

辽宁省以及来自新疆、内蒙古、黑龙江、吉林市等地锡伯族同胞，看到长春市由政府组织锡伯族的访问团，由民委主任带队，非常关注。他们齐口同声地说：“这充分说明了吉林省以及长春市委、市政府对民族工作，对人数很少的锡伯族是很关心的。这是深入贯彻落实中央13号文件和全国民族团结进步表彰大会精神的成果。”探亲的锡伯族同胞由衷地感谢党和人民政府对少数民族人民的关怀和照顾。他们说：“224年前，锡伯先人由东北奔赴新疆，屯垦戍边，是爱国的表现，我们世世代代不能忘记。今天，80年代的锡伯族，就要考虑如何为振兴中华，实现统一大业做贡献。这次赴沈聚会，欢庆自己民族节日，时间虽然短暂，但留在我们锡伯人民心中的美好记忆却是永恒的。它将载入我市锡伯民族的史册。”同胞们都纷纷表示：今

关俊彦接见外地锡伯族同胞

天的幸福生活是党给的，党的恩情不能忘，民族团结进步的大义不能丢，爱国主义的民族传统要发扬。我们将在各自的工作岗位上，为振兴长春、科技立市贡献新的力量。

长春日报社派记者采访了这一有意义的活动，有关区的政府办公室民族工作干部从始至终参加了纪念活动。所有这些，使锡伯族同胞很受鼓舞，他们感谢新闻单位和各区政府对锡伯民族的关怀。这次参加赴沈访问团的锡伯族同胞的所在单位对这一活动都给予了大力支持，访问团成员对此交口称赞。

3. 外地锡伯族同胞来吉林省交流

随着吉林省锡伯族联谊工作的影响不断扩大，也引起了外地锡伯族的注目，他们也都多次组团来到吉林省进行参观考察，特别是到省城长春进行民族交流活动。

1998年10月19日至21日，新疆察布查尔锡伯自治县赴东北访问演出团来长春访问演出，19日晚市政府领导、市民委领导在长春宾馆接见并宴请该演出团全体成员。吉林市也派出锡伯族干部张静前来参加接待访问演出团。20日在长春市民族饭店二楼歌舞餐厅举行少数民族文艺演出会。演出会上，市民委主任王德才讲话。他首先代表长春市民委和长春的各民族父老兄弟姐妹向来自万里之遥的新疆伊犁察县访问演出团的领导和同志们表示热烈的欢迎和亲切的问候，并在讲话中着重指出：“察县访问演出团今天在这里进行访问演出，既带来了新疆兄弟民族精彩的文艺节目，又带来了祖国西北边疆各族人民的深情厚谊。这对进一步增进东北和西北两地各族人民之间的友谊和交流，对继承和繁荣少数民族文化特别是锡伯民族文化遗产，促进经济共同发展，具有重大的现实意义和深远的历史意义。之后，察布查尔锡伯自治县副县长永德光讲话，永德光副县长谨代表察布查尔锡伯自治县政府及演出团的全体演职员向长春市的各级领导和锡伯族同胞表示最诚挚的问候和感谢。他在讲话中着重强调：“新疆察布查尔锡伯自治县与长春市有着长期密切的交往和良好的互助关系。近年来，我们察布查尔县各级领导多次带领访问团，来到长春市取经。今年，长春市大力支持察布查尔县建设良种牛养殖基地的

新疆各界参观团到长春

新疆察布查尔锡伯自治县锡伯族赴长春考察访问

工作，提供了良好肉用牛，为察布查尔经济腾飞注入了活力。长春市各所大学，为我们锡伯族培养了一大批国家专业人才，为祖国、为边疆各项事业的繁荣发展做出了贡献。我们为此感到十分高兴。今天自治县锡伯族文工团，整理并创编了一些具有浓郁的民族特色的文艺节目，奉献给长春市人民，请朋友们提出宝贵意见。”

21日由市民委工作人员陪同察县演出团参观伪皇宫，游览市容。21日晚，市民委设宴欢送新疆察县访问演出团。

四、锡伯族联合乡与锡伯族村

吉林省锡伯族没有单独的锡伯族乡，而是与满族、蒙古族联合组成了三骏满族蒙古族锡伯族乡。吉林省共有2个锡伯族村，即前郭尔罗斯蒙古族自治县吉拉吐乡锡伯屯村和扶余县三骏满族蒙古族锡伯族乡西达户锡伯族村。

1. 三骏满族蒙古族锡伯族乡

改革开放以来，中国共产党的民族政策日益深入人心，吉林省民族工作出现了新的变化，在松原市扶余县成立了三骏满族蒙古族锡伯族乡。

（1）成立三骏满族蒙古族锡伯族乡

2005年9月9日，经吉林省人民政府批准，撤销扶余三义乡，三义乡行政区域划归四马架乡管辖。同年10月25日，经吉林省政府批准，四马架乡更名为三骏满族蒙古族锡伯族乡，并于2005年10月29日正式宣告成立。三骏乡地处扶余西北部。东与长春岭镇接壤，西与松原市宁江区毗连，南与永平乡为邻，北与黑龙江省肇源县隔江相望。辖区总人口为50 202人。

（2）岁月不居，地灵人杰

早在后金末期，锡伯族人便在这里沿江而居，繁衍生息。清初以来，随着少数民族人口的迁徙，三骏乡逐渐发展到今天的满族、蒙古族、锡伯族、回族、朝鲜族、傈僳族、苗族、黎族、白族等9个少数民族的聚居地。其中有少数民族村4个，锡伯族村1个，即西达户村；满族村1个，即苏家村；蒙古族村2个，即郎郡村、嘎尔奇村。这个民族乡的设立，使三骏乡能够充分享受到国家对少数民族地区的优惠政策，拉动经济快速发展。

西达户锡伯族村远景规划

全乡4个少数民族村，习俗各异，韵味浓厚，使人能够尽情领略少数民族的风土人情。乡政府驻地之北，临江傍水，是具有极大开发潜力的旅游场所。全乡草场7 481公顷，林地1 812公顷，地下水资源丰富，境内有第一松花江流过，总流域面积15平方公里，有可养鱼水面1 272公顷，具有发展农牧渔业经济和旅游生态经济的良好基础。

（3）松嫩乐土，农业发达

这里江带三方，田沃千顷，气候温和，寸土皆绿，岁岁五谷飘香，年年五业兴旺。全乡耕地面积18 493公顷，2014年农业生产总值达到71 105万元。粮食作物以玉米为主。2014年生产粮食181 500吨，主要经济作物有瓜菜，2014年，瓜菜种植面积130公顷，产量5 200吨。现已初步形成了以玉米、韩椒、西瓜、大葱为主导产品的农业产业经济和以畜牧养殖、农畜产品加工、沿江捕捞为主的多种经营雏形。畜牧业以猪、牛、羊为主，2014年末共存栏25 310头，其中牛年末存栏12 248头，羊年末存栏量13 079只。上市家禽20.8万只；畜牧业总产值5 050万元，占农业总产值的25.5%。截至2014年末，林地累计造林950公顷。2014年，全乡拥有大型农业机械860台，名优特农产品有三骏乡香瓜等，农民人均纯收入9 800元。以木材加工、食品制造、生猪屠宰加工为主。

（4）工业立乡、初具规模

全乡工业经济从无到有，从小到大。2014年，有工业企业达20家，工业总产值达到2.6亿元。2014年末，全乡注册各类商业企业309户，从业人员430人，2014年，社会商品零售总额达2.5亿元，比上年增加3.7%。形成了以小商品流通、食品加工制造、农畜产品加工为龙头，以粮食加工、木材加工、交通运输、白酒酿造和劳务输出为补充的产业链条。2014年，全乡全口径财政收入实现306万元。2014年财政总收入7.4亿元。

（5）三骏民族乡的新面貌

截至2014年末，全乡有文化站、广播电视管理站各1处，有村级文化活动中心16个，各类图书室15个，藏书13万余册。有幼儿园4所，在园幼儿266人，专任教师24人；小学5所，在校学生1 150人，专任教师130人，小学适龄儿童入学率100%；初中2所，初中在校学生390人，专任教师81人。适龄人口入学率、小升初升学率、九年义务教育覆盖率均达100%。乡内有乡级卫生院1所，各类专科诊所3所，各类门诊部11所，社区医疗点1个，新农合定点医疗点11个，病床35张。

2014年，全乡农村安全饮用水普及率100%，农村卫生厕所普及率45%。2014年末有学校体育场3个，村级健身广场12个。50%的村安装了健身器材，经常参加体育活动的人员占常住人口的40%。2014年末，广播综合覆盖率100%，有56个电视频道在本地落户，有线电视用户20 601户，电视综合覆盖率98%。成立广播电视管理站，现有数字化有线电视9 100户，入户率98%。

2014年末，乡道路总长度5 000米，道路铺装面积4 000平方米，三骏乡设公路客运站1个，年客运量77 600人。水上交通方便，水运条件得天独厚，有孤家子、达户两处码头，上行可到吉林省吉林市、黑龙江省的齐齐哈尔市，下行途经哈尔滨市，可直达边境口岸，与俄罗斯通航。

三骏乡的工作曾受到过省、市、县政府和有关部门的多次表彰奖励。据统计，仅2015年上半年三骏乡就获得3个荣誉称号，即2015年3月8日扶余市妇女联合会授予“三骏乡妇联年度工作二等奖”、2015年3月共青团扶余市委员会授予三骏乡团委“扶余市五四红旗团委”、2015年3月吉林省人民政府授予三骏乡政府“吉林省民族团结进步先进集体”。

2. 锡伯族村

吉林省锡伯族人两处聚居地锡伯屯和达户屯，都是清康熙年间由遣返的支应鳇鱼差务的锡伯人建立的。

（1）锡伯屯村

锡伯屯现为前郭尔罗斯蒙古族自治县吉拉吐乡政府所在地和锡伯屯村民委员会所在地。锡伯屯村位于前郭尔罗斯蒙古族自治县城东南15公里处，长白铁路、长白公路纵贯南北，第二松花江沿屯东北界流向西北，水陆交通较为便利。该屯西邻新立乡水田区、南邻查干湖引松工程、北邻朝鲜族聚居的鲜丰村。锡伯屯村系关姓锡伯族弟兄三人由顺天府遣回时草创的居住地，后又有唐、刘两姓移居这里，并逐渐发展成为锡伯、蒙古、汉民族杂居的聚落。该屯从“清康熙六十年（1721）首建锡伯屯，时有锡伯族人一支在此地专为清朝皇帝养鳇鱼称‘鳇鱼差’，曾在哈达北设两处鳇鱼圈”。立屯时起一直为内务府直属，光绪二十六年（1900）停鳇鱼贡，宣统三年（1911）由内务府移交郭尔罗斯前旗（今前郭尔罗斯蒙古族自治县）管辖。2014年，锡伯屯村现有村民2 034户、3 234人，其中锡伯族180户、580人。改革开放以来，特别是近十几年来，在各级党委政府的领导下，锡伯屯村在各方面取得了很大成绩，获得了各有关部门的称赞和奖励。如，“国家级计生协会先进单位”称号、“省级合作社优秀示范村”称号、“省级新农村建设推进村”称号、“吉林省示范妇女之家”。

村委会

（2）西达户锡伯族村

达户屯位于扶余县三骏满族蒙古族锡伯族乡政府驻地北，为东、西达户村民委员会驻地，西距扶余县城43.5公里，南距四马架屯7公里。达户屯东邻杨家岗子，南邻艾家窝堡，西邻嘎尔奇屯，松花江沿屯北界东流。清朝康熙年间由京师被遣回的锡伯族人立屯，有关、杨、傅三户世袭的“务户里达”，受双屯子的高一级“务户里达”苏姓管辖。之后陆续有蒙古族、汉族人迁来，逐渐成为3个民族杂居的聚落。该屯东西长3公里、南北宽近1公里，有公路通四马架、长春岭和扶余县城。屯北江边有水运码头1处，每日有往返于哈尔滨、肇源间客货轮船经过，在这里乘船下行可至长春岭下岱吉码头和哈尔滨；上行可达肇源，丰水期可达扶余和吉林等地。

该屯原为一个生产大队（村），1981年划分为东达户和西达户两个行政村，锡伯族多聚居于西达户村，西达户村辖半个自然屯，全村辖区面积631公顷，其中耕地面积420公顷。该村共有325户，人口1 212人，其中锡伯族80户，人口480人。全村有4个村民小组，锡伯族小学1处。该村以农业为

西达户锡伯族村村委会

主，养殖、劳务输出和临江捕鱼为辅，全村年经济总收入940万元，人均纯收入4 000元。

改革开放以来，锡伯族村屯注重社会主义新农村建设，2014年以来，西达户锡伯族村在省、市、乡、发改委、文体局等各级领导的帮助下，投资近千万元修建了水泥路、排水沟、广场、村卫生室、路灯等设施，其中水泥路7 850延长米，排水沟4 820延长米，新增路灯120盏，广场建筑面积1 000平方米，文体局还给配备了各种健身器材和文艺演出服装等以丰富百姓业余生活。

3. 吉林省锡伯族村民族工作和制度

吉林省锡伯族村建立以来，十分注重民族团结工作，妥善处理好各兄弟民族的关系，如西达户村李百君是汉族，二级残疾，行动不便、家庭困难，村里通过有关部门除每年给予1 000余元低保金外，还于2008年资助李百君手扶轮椅车，使他能够自行在村内活动，尽享民族大家庭的温暖。

吉林省锡伯族村建立以来，因民族团结工作做得好，曾受到过上级政府表彰。如1994年6月，中共吉林省委、省政府授予松原市扶余区四马架乡西达户锡伯族村民族团结进步先进集体称号。

为了加强锡伯族村的工作，1998年开始，村民委员会实行公开选举，实行村务公开，民主评议，充分维护农民权益。

1999年9月，锡伯族村施行农村基层组织建设“三项工程”，即固本强基工程、素质提升工程、创业带富工程，取得很大成就。

2009年10月又补充和完善了各项制度，即：两委联席会议制度，民主理财小组工作制度，村务工作过错追究制度，财务公开制度，党员大会制度，民主决策四议两公开制度，村干部廉洁自律“十不准”制度，财务管理“三重一大”管理制度（重大决策、重大项目安排、重要岗位人员聘用、大额度资金使用必须经过村二委联席会议），形成一致意见。

到2015年吉林省锡伯族村的工作制度已配套成型，如前郭尔罗斯蒙古族自治县锡伯屯村全面制定了党支部工作制度、党员大会制度、两委成员廉政承诺制度、两委成员联席会议制度、村民代表会议制度、村级资金使用管理制度、村务公开制度、四议两公开制度、综合维稳（平安建设）工作制度、村民自治制度、计生工作监督服务制度、村务监督各项制度、村规民约管理制度。

锡伯屯村办公楼

这些制度的贯彻和施行，使得改革开放以来建立起来的锡伯族乡、村的民族工作迈上了一条健康的正确之路。

4. 吉林省锡伯族村共筑中国梦

近年来随着吉林省锡伯族村经济社会的迅速发展，村容村貌发生了一定的变化，出现了诸多新情况和新问题，村内无总体规划及发展规划的现状已不能满足吉林省锡伯族村的发展要求，因此，2013年10月，编制了《松原市前郭尔罗斯蒙古族自治县吉拉吐乡锡伯屯村发展规划》，2013年11月12日，编制了《扶余市三骏满族蒙古族锡伯族乡东、西达户村基础设施建设及产业建设规划》。经与乡政府及村民委员会充分协商和交流，确定了规划以发展生产、生活富裕、乡风文明、村容整洁、管理民族为原则，为村庄居民提供切合当地特点、与规划期内经济社会发展水平相适应的人居环境。力争在规划期内，将前郭尔罗斯蒙古族自治县吉拉吐乡锡伯屯村和扶余市三骏满族蒙古族锡伯族乡西达户锡伯族村建设成为布局合理、公共服务基础设施配套、环境优美、具有锡伯族文化特色的美丽村庄。

锡伯屯新貌

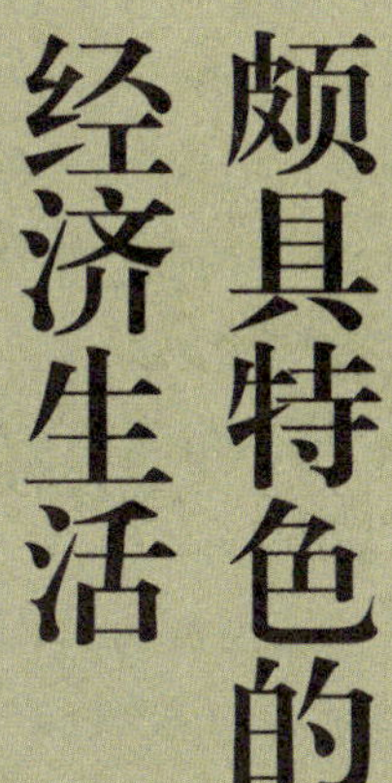

第三章 颇具特色的经济生活

一、渔猎活动

锡伯族除了狩猎以外还从事捕鱼。锡伯族民谣“棒打獐子瓢舀鱼”，就是很形象的记录。尤其是居住在松花江沿岸的锡伯族，有丰富的捕鱼经验。锡伯族古老民歌《亚齐娜》中，唱的一对锡伯族夫妻“谋生计，捕网打鱼到江边，一叶舟，搏击江水捕鱼忙”的情景，就是真实的历史写照。

1. 鳇鱼差务及其他

捕捞鳇鱼是南迁后又被遣回吉林的锡伯族人的特殊差务。锡伯族渔户在“务户里达”管辖下，世世代代为清朝皇室捕捞鳇鱼。

（1）鳇鱼差务的管理组织

管理捕捞鳇鱼的人，称为“务户里达”，又称“务户鲁达”或“五户日达”。“务户里达”，关俊彦先生（锡伯族，原吉林省副省长）译为“总管”。务户里达不仅在经济上有势力，而且在政治上有权力；不仅管理给皇帝送鳇鱼的事，而且还管理全屯大小诸事，是清代封建统治者统治锡伯人最基层的官员。

务户里达也有大小之分。双屯子有一苏务户里达，达户有关、杨、富3个务户里达，锡伯屯有关、刘两个务户里达。在这5个务户里达中，以双屯子苏务户里达为最大（据说六品官，但无俸禄），除管本屯苏姓的鳇鱼差之外，还要管理达户、锡伯屯等村的鳇鱼差务。其余4个务户里达，都在苏务户里达管辖之下，各务本姓的鳇鱼差事。达户3个务户里达之中，以富务户里达为最大，关、杨两务户里达服从富务户里达的指挥。关务户里达每年都要到达户、锡伯屯收鳇鱼费和检查鳇鱼差事。去时非常威风，各处必须摆上等宴席款待。

务户里达不参加劳动，靠剥削为生，拥有质量好、数量多的土地，耕畜和农具，并雇佣着长工为他生产。也有出租土地，靠租子为生活。传说富务

“鳇鱼差”人的后裔

户里达有五六百垧土地，十多辆大车，数百头牛马，羊只也很多，常雇佣十多个佃户。

松花江渔产丰富，但鱼权却操纵在务户里达手里。苏务户里达有五六个网房子；富务户里达有3个网房子，贫穷的锡伯人没有网房子，只好参加到务户里达的网房子里捕鱼，每个网房子有10个人，大者二三十人，小者也有五六个人。每个网房子都有把头和大徒弟，他们都是务户里达的忠实助手。

双屯子和达户的务户里达是世袭的，继承父职者，无长幼之分，在其儿子中选拔一个“聪明能干”的继承父业，任职终身。锡伯屯的务户里达不是世袭，而是在其本姓之中，公推担之，年限不定，族众可以随时罢免。

（2）往返京师送鳇鱼

达户、双屯子、锡伯屯都有大小鳇鱼圈，供放鳇鱼使用。每年向皇帝进贡的鳇鱼，必须首先捕捉好，放入鳇鱼圈中。到每年向皇帝进贡时，取出装入车内，赶程赴京交送。车前插一黄旗表示给皇帝送贡，所经州县必须派兵

捕鱼间隙

护送，防止路途被劫。所遇之车辆、人群，都必须让路，不能碰坏一个鱼鳞。在严寒的冬季，长途跋涉，困苦多端，难以形容。但不论途中怎样艰难，必须在十二月底送到北京，绝对不能误了皇帝正月初一祭祀之用。只要鳇鱼安全送到，才能算完成一年的差务，但返程费用又成问题，有时皇帝也给一点赏赐，但大部分都被务户里达享用。

锡伯族每年选送鳇鱼运到京师，供皇帝正月祭祀用。出鳇鱼差不论贫富，由17至60岁的男人均摊；鳇鱼费不论财产多寡，按人口摊派。出鳇鱼差的锡伯人，由皇帝赐给“晾网地”作为生活费用，受清宫内务府直接管辖，享有“种地不纳粮，养儿不当兵”的待遇。

（3）捕捞鳇鱼的方法

鳇鱼是松花江出产的一种名贵鱼类，重的可超千斤。鳇鱼又名鲟鳇鱼，鱼纲，鲟科，学名Husodauricus，系海洋生物。每年春末夏初，鳇鱼由大海洄游，溯江而上，进入松花江、嫩江下游和牡丹江中下游产卵繁殖。成鱼体长5米至7米，背灰绿，腹黄白，体形似鲟而大。该鱼体大肉多味鲜，肉白脂黄，卵尤名贵。鳇鱼是清朝宫廷必备的祭品，也是帝王后妃品尝及赏赐臣僚的珍品。鳇鱼数量很少，不易捕捞，渔户往往要耗费许多工日，方能捕到一两尾合乎贡品规格的鳇鱼。一条鳇鱼价值三五十吊，但有时要贵几倍和数10倍，再加上往返盘费和务户里达从中敲诈勒索，给劳动人民带来了沉重的负担。终年劳动的锡伯人，收入往往不够交鳇鱼费。于是务户里达私设法庭吊打，逼人典地，出卖劳动力交钱，或给务户里达终身服劳役。捕捞鳇鱼所用特制大网，是用12股线编成的，也有的用18股线编成，叠在一起，能有草垛大小。拖挂这样的大网须用特制的大船，船上有桅杆、布帆，后部有拱形棚子，累了可以在里面歇息，也可以在船上做饭。捕捞鳇鱼也有的使用对子船，即将两条渔船并列，中间隔上一段距离，再用木杆和绳索把两条船固定成一体。

锡伯人捕捞鳇鱼，一次要去几十人。常常是兴师动众却扫兴而归，或只是捕捞到一些小鳇鱼和杂鱼。

关于前郭尔罗斯蒙古族自治县吉拉吐乡锡伯屯村锡伯族人在过去捕捞鳇鱼的情况，据一位锡伯族老人讲，前郭尔罗斯的锡伯族人摸索出许多有效的捕鳇鱼方法，有钩钓法、挡亮子捕鱼法、闷杠法、冬季“凿眼法”等等。在吉拉吐乡境内松花江岸至今还有大、小两处“鳇鱼圈”遗址。据考证，这两

锡伯鳇鱼圈旧址

锡伯屯的“鳇鱼差”后人

处鳇鱼圈是一大一小，小的长宽各近33米，大的长宽各近167米。现在虽然已经荒废或开垦，但当地许多老人都能够确切指认。

鳇鱼脾性温顺，不惹它，一般不乱冲撞。捕到大鳇鱼时，为了防止它冲撞，不准乱拉渔网，要慢慢地将它稳住，再选派水性好的人，从船上顺着渔网悄悄潜到鳇鱼旁边，给它带上笼套，再把笼套绑到网绳上，这样，大鳇鱼就不容易冲破渔网跑掉了。

捕到鳇鱼后，要由“务户里达”登名造册，记录身长、胸围、花色等数据和特征，上报打牲乌拉总管衙门存档，然后将鱼送到利用江岸内凹或河区建成的与江水相通的“鳇鱼圈”里去饲养。

（4）鳇鱼差务的终结

吉林锡伯族“养儿不当兵，种地不纳粮”的特权，随着鳇鱼差的中断而终止了。从光绪二十六年（1900）起，锡伯族开始了同当地居民受着同样的压迫、剥削，遭受同样的痛苦生活。

前郭尔罗斯是由蒙古王公统治下的一块地盘，锡伯屯在前郭尔罗斯境内。蒙古王爷很不甘心在自己的统治范围之内，竟有一个不受自己管制的“独立小王国”，曾多次设法要吃这块肥肉，但无机可乘。

八国联军进北京，清帝窜逃，蒙古王爷便乘机假传圣旨：万岁爷有命，鳇鱼差由我来送，你们锡伯人向我来交纳税役，否则不能在此居住。锡伯人深知归附蒙古王爷之后，会给自身带来更大的灾难，因而大家推选能人上京告状。于是关大脑袋（代替务户里达）和刘白银虎（务户里达），受全屯人之委托，手拿“执照”，赴京起诉。在二人启程之后，不知何人向王府通风报信，王爷便立即派人追赶，到盛京把二人逼回（有说骗回）。最后王爷用欺骗的手段，骗出“执照”，投入炭火中，并把二人关入监狱里。关大脑袋感到惭愧，很对不起自己的同族，气死在牢中，刘白银虎也同样生病，在关大脑袋死后，被放回家，不久也死了。从此锡伯屯的锡伯人，便在郭尔罗斯前旗蒙古王爷的统治之下生活。沉重的劳役和赋税压在锡伯人头上，从此开始了养儿当兵，种地交粮的生活。

（5）中华人民共和国成立后的渔业

中华人民共和国成立后，达户屯与锡伯屯两处聚居地的专业渔户的渔业生产活动有了保障，渔具也有了更新。合作化以后，达户屯、锡伯屯都组成了渔业生产队。达户屯的渔业队有渔船30多只、劳力60多人，其中锡伯族劳力10人，全队年鲜鱼获量在7.5万公斤左右。捕鱼主要在每年春、夏季用呆河网、铁焦子、扒网等捕鱼工具在松花江捕捞各种鲜鱼。在养鱼方面，锡伯屯养鱼场饲养繁育种鱼和鱼苗。

锡伯族祭鱼神供桌

改革开放以来至今，松花江沿岸的锡伯族继续发扬捕鱼的专长，驾驶机动渔船，进行江上作业，并辅以养殖，以增加收入。2009年，锡伯屯村的锡伯渔猎文化被前郭尔罗斯蒙古族自治县列为非物质文化遗产县级名录，确定了以锡伯族后代刘秀云为渔猎文化的传承人。

2. 狩猎

根据史书记载和民间传说，16世纪以前，锡伯族的经济还比较落后，狩猎和捕鱼仍然占着重要的地位。这和锡伯族所处的自然环境、地理条件有着密切的关系。

明末清初，吉林省锡伯族人生活的地区主要在嫩江、松花江流域。这里森林茂密，野兽众多，河泡密布，渔产丰富。直到清朝中期，锡伯族人主要从事渔猎生产。秋冬狩猎，春夏捕鱼。

锡伯族的狩猎没有过多禁忌，獐子、狍子、野猪、狼、鹿、罕达犴（即四不像）、野鸡、兔子等都是狩猎的对象。只忌打狐狸，因为锡伯族人有供祭仙家的习俗。狩猎的季节，以秋、冬为旺季，春、夏季主要是捕鱼。

锡伯族的打猎方法主要是进行放围，狩猎的工具也很简陋，有弓箭、大头木棒、长矛、独木舟、线网等。锡伯族人所经历的狩猎经济生活，在其供奉的“喜利妈妈”中有鲜明标志，生了男孩，往长索绳上悬挂弓箭、箭筒、扳指、明肠等象征物，就是寄托着孩子长大能成为好猎手。

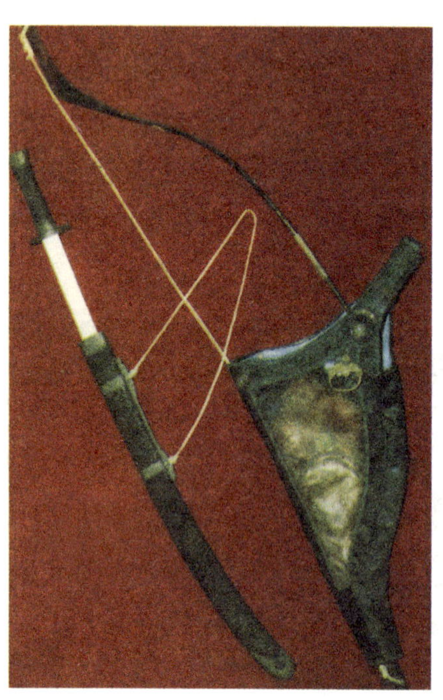

锡伯族弓箭和腰刀

锡伯族人在狩猎的过程中，主要利用大自然的天文现象来辨别方位。白天的时候，锡伯人一般是以太阳为目标来确认方位，日出为东，日正为南，日偏为西；晚上的时候，则以月亮的上弦和下弦来确定方位；若是看不到月亮的时候，锡伯人便以北斗七星来确认方位。

锡伯族还喜欢鹰猎，特别是中老年人。捕获和训练猎鹰的方法是：首先观察鹰经常出没的山林和过夜的树枝、山石等处，然后安设一个巧妙的套子或猎网进行捕获。捕到之后，就开始训练，驯鹰是件难事，没有长久的耐性是不行的。对其他猎物都是骑马围追，追到快要接近野兽时，再从马上用长矛刺或用大头木棒击打。

伯都讷一带，西起松花江曲弯处至东边拉林河畔，清廷设有围场。从事放牧和狩猎的主要是蒙古族人和锡伯族人。由于生产工具简陋，狩猎皆为集体活动，猎获物原则上平均分配。清嘉庆、道光年间，曾经被清廷封禁的土地逐渐开放。在锡伯族聚居的地方，种植业逐渐上升为主要产业，狩猎渐降为副业。随着人们的生产和生活活动向广度和深度发展，破坏了原生态系统的平衡，锡伯族人聚居地区野生动物数量渐少。到20世纪40年代，锡伯族人不得不放弃狩猎生产。

2015年《吉林锡伯族》编写组到前郭尔罗斯蒙古族自治县吉拉吐乡锡伯屯村进行调查时，见到了锡伯族人刘宝胜，在他的仓房中，保存着两张珍贵的兽皮。刘宝胜说，他小时候受父亲影响，也爱打猎。这张皮子是山猫皮，距现在已有快30年了。那时候还没有相关的动物保护法，他随父亲打猎回来，见这张山猫皮好，就留下来没舍得用。经常有朋友开玩笑吓唬他说，你这是违法的，他说，我不害怕，懂行的人一看就知道，这皮子不是现在打下的。到了现代，吉林锡伯族人已很少打猎了。

3. 采集与纳贡

（1）野菜

吉林地域锡伯族食用的野菜主要有苦荬菜、婆婆丁、灰菜、猪毛菜、小根蒜、柳蒿芽、苋菜、车轱辘菜、野芹菜、野韭菜、榆树钱、黄花菜、山蕨菜等。

野韭菜

多生长在田野，可用来做馅或炒吃。野韭菜开花后，采摘洗净，捣成韭泥，放适量盐，成为一种别有风味的蘸料。

山蕨菜：多产于山坡地上，营养丰富，一般常做汤用，也可炒菜食用。

锡伯族广食野菜，野菜不仅大改口味，而且从营养学的角度看，也可以弥补蔬菜营养的不足。锡伯族民间的说法是，野菜更有营养，鹿茸之所以为宝，就因为鹿在深山里可以吃到许多奇蒿异草。

（2）野果

锡伯族食用的野果主要有山丁子、稠李子、山里红、山杏、榛子、松子、山核桃等。

山丁子

树上结的圆形小果，果实成熟为黄红色，发亮，味酸微甜，生食。

（3）欧李贡

生活在吉林省的锡伯族人，在采集野果过程中，又参与了清代的另一项差务——欧李贡。

洪皓《松漠纪闻》记述：宁江州去冷山百35公里，地苦寒，多草木，如桃李之类，皆成园；至八月，则倒置地中，封土数尺，覆其枝干，季春出之，厚培其根，否则冻死。洪皓从冷山来到宁江州所见到的“如桃李之类”的果树，实际就是当地一种称为“欧李”的果树。

《扶余县志》载：“欧李 PrunushumiliBunge，蔷薇科，生存环境：草原、草甸、山坡。”由此得知：欧李树，与李子树同属蔷薇科，是李子树的一种，适于生长在北方寒冷地带，更准确地说是生长在松嫩交汇处南岸一带，草甸黑土地中的一种特殊品种的李子树。一般的李子树是小乔木，果实圆形，果皮有紫红、青绿、黄绿3种，果味酸甜。而欧李树为矮小灌木，生于溪水沟旁或草丛中，果实分鸽卵、磨盘两种（民间俗称），果皮紫红，果味甜酸带有清香，十分可口。

锡伯族特产欧李果及植株

洪皓的记述，说明这种原为野生的果树，至少从辽金时代就已经被人们栽培起来，所以才“皆成园”。之所以能皆成园是因为栽培过程中，不但重视除草、灌溉、施肥等耕作之事，而且更注意做好防寒过冬的程序，才保其不冻死而“季春出之”。由此可见，北方民族很早就把“欧李”当作重要果品食用了。而世代居住在伯都讷的锡伯人，自然也就把欧李作为可口的天然果品。

欧李究竟是怎样成为朝廷贡品的，没有史料记载，伯都讷一带却流传着这样一个传说。

《扶余县志》记载，康熙三十二年（1693）建伯都讷新城是由30个牛录

康熙皇帝初秋圣驾巡游松花江，从长白山脚下乘船顺流直下，乘兴游来。一路尽赏松花江两岸大平原绮丽风光；饱尝松花江肥美的鲤鲫鳇鱼，弄得肚满肠肥。这一日来到松嫩交汇处——三江口，停船上岸。康熙只觉肚里油腻难耐，胸闷腹胀，大便不通，无心欣赏云水连天、绿野平川的美景，忽然想到若吃些当地水果，或许可以消淤解腻、舒气通络，便命令随从们去寻觅可口的水果。结果发现并品尝了欧李果，心清气爽，龙颜大悦，当即宣布口谕，皇封伯都讷境内山野为欧李贡山，诏令伯都讷副都统衙门负责建造两个御用欧李场。在城内建一所果子楼专门制作欧李蜜饯，每年选上好磨盘欧李蜜饯和鸽卵欧李蜜饯各40坛，并精制欧李仁、欧李根各40担，进京上朝进贡。特封白婆婆为欧李贡差官，每年一次手持御赐金牌，押运贡品赴京进贡，朝见皇上，听候赏赐。从此，大清朝廷又增添了一种特殊贡品：欧李贡。

的锡伯官兵和10个牛录瓜尔察人修建，同时并修建加工和储藏贡品欧李的果子楼，说明修城和修果子楼的锡伯族人参与了欧李贡事宜。

锡伯人的“双戴贡”

锡伯族人不但出鳇鱼贡，也含欧李贡。“形成屯落后，故得名锡伯屯，后来清朝廷下诏书，指令锡伯族渔民在松花江捕捞鳇鱼，叫作‘鳇鱼贡’，也含‘欧李贡’”。有诗云：“鳇鱼古圈尝贡品，饱览锡伯古俗情。双驾马车双戴贡，一条巨品一黄绫。”可以这样说，清代的锡伯族人不但负担“鳇鱼贡”，也参与了“欧李贡”。

二、畜牧经营

锡伯族的畜牧业经济在清以前就有了发展，它是伴随狩猎经济一起发生、发展的。在依附蒙古族的年代里，锡伯族的经济形式中就有畜牧业经济，因为其邻蒙古民族注重畜牧业。清初，科尔沁蒙古将锡伯族献出之前，其畜牧业就初具规模，因此，清政府常派人以毛青布、裹白布等向锡伯族交换牛马等。如康熙二十四年（1685），移驻的清军经过锡伯族地区时，因缺少军马曾一次就购得马600匹。

1. 牲畜放养方式

松花江流域地广人稀，分布在这里的锡伯族村屯里的锡伯族人，牲畜曾以散放方式进行，牲畜被散放之后不用专人照管，任其在水边、草地上觅食，隔一小段时间再去骑马看看，只要不被野兽吃掉，牲畜就不会丢失。

后来，随着垦殖开发，人员增多，盗窃之事不断发生，为防止牲畜丢失，进行圈养，修木栏圈或土垒圈，为防止牲畜蹬倒土墙，圈内再插些木栏。那时达户屯的牲畜每天天亮放圈到中午才能放尽。其中老富家的牲畜在放牧时，领头的牲口已到距屯4公里的花待屯，最后的牲口还未离圈，在这一长达4公里、宽750米的两坡上，牛马羊茫茫一片，无以数计。据说当时计算牲口是：某某家牲口装满某某草甸子或某低洼，如果装满就以为牲口没有少，十分显然，在这种情况下丢几十只牲畜是不在乎的。那时主要食品是肉类和奶类，粮食只是辅助食物，当时牲畜已归私人所有。有的人家牲畜多，有的人家牲畜少，也有的人家因从事别的职业，没有牲畜。不过他们可以随时到有牲畜人家圈里挤奶汁或杀几头食肉，也都没有人过问，然而到道光、咸丰年间以后，据老人说再也没有那么多牲畜了，追究原因，老人说：有一年一个佛爷喇嘛，领着一些随行人员来到了达户屯，他要求富家给做饭吃，本来佛爷喇嘛不吃不下崽的母马肉，但老富家存心不正，故意给佛爷喇嘛宰了不下崽的母马，并用它的肉给佛爷喇嘛做饭吃，不巧这事被喇嘛随行人员看见，喇嘛恨其心怀不正，行前对老富说："你们的日子已经到了尽头了。"从此达户屯的牲畜大量死亡，老人说这是富家得罪了佛爷喇嘛的报应。这种说法虽有迷信的色彩，但由此可以推断，很可能在道光、咸丰年间在这一带发生过一次大的瘟疫，使大群牲畜突然死亡，从此之后，此地牲畜数量就骤然下降。

牲畜阉割技能

阉割技术是在锡伯族畜牧业发展过程中产生的。由于耕牛必须是犍牛，否则不仅不听役使，而且也根本抓不住。对使役的马也是同样的道理，因此，锡伯族逐渐学会了阉割技术。对需要去势的公牛、公马进行简单易行的阉割。工具仅是一把磨快的小刀，用刀割掉牲畜睾丸皮头，然后用手挤出睾丸，最后从睾丸根部切断。给牲畜阉割选在春季进行，其他季节不适合阉割。夏季阉割容易腐烂，秋季阉割容易生蛆，冬季容易冻伤。

2. 饲养牲畜用途

锡伯族人饲养牲畜主要有以下几方面用途：一是便于骑乘，马是锡伯族

草原放牧

人的常用交通工具之一。二是使用犍牛作为使役牛，用于拉犁耕地，马、牛、驴用于套车。三是制作乳品，特别是养育奶牛，可以产奶，制成奶茶、奶酪、酸奶子等。四是饲养牲畜用于食用，锡伯族人喜食猪、牛、羊肉，并可提供毛皮。五是交易之用。养猪是锡伯族古老的传统，是妇女的家务之一，养猪除自家年节之际宰杀食肉之外，也当作商品交易，用自己喂养的猪去换取生活、生产所必需的商品。

吉林省锡伯族在公社化以后，大力发展了养猪业。在扶余的双屯子1959年春40多只母猪繁殖了300多只小猪，这些小猪除少数留在公社饲养外，其余都卖给国家。

3. 锡伯族聚居区域的畜牧

改革开放以来，吉林省锡伯族村屯的畜牧养殖业仍继续进行，特别是在锡伯族村屯所在的乡党委、政府的领导支持下，畜牧养殖业得到了更快的发展。如锡伯屯村所在的吉拉吐乡党委、政府就很重视畜牧养殖业的发展。

（1）畜牧养殖并举

吉拉吐乡地处松原市城区东南，是一个以种植业为主的农业大乡，也是一个区位优势较强的近郊乡。近年来，吉拉吐乡在认真抓好种植业这个主导产业的同时，积极发展畜牧养殖业，努力培育新的经济增长点，力争将把畜牧养殖业真正地建设成为农村经济新的主导产业，拉动经济发展，促进农民增收致富。全乡畜牧养殖业发展总数达235万头（只），2010年末，全乡畜牧养殖业总收入达到13 000万元，占全乡经济总收入的23%，畜牧养殖业人均收入达2 000元。吉拉吐乡党委、政府按县委、县政府畜牧业发展三年攻坚战效益年战略部署，结合乡情、民情和市场行情，多次例会研究全乡畜牧养殖发展目标和发展方向，一致认为发展畜牧业具有明显优势和条件，一方面大力发展畜牧业，各级领导重视，发展畜牧业的各项政策优惠，市场行情看好。另一方面全乡有2 000公顷的玉米和3 000公顷水稻种植面积，饲料资源充足；全乡5 000个农户，劳动力达11 102人，除外出打工3 000多人外，大多数劳动力生产生活在当地，劳动力资源丰富。所有这些都为发展畜牧养殖业创造了条件。为此，确定了以发展生猪和蛋鸡饲养为主的畜牧业发展目标，并采取“引龙头，抓大户，建小区”等有力措施，把畜牧业生产作为全乡种植业、棚菜业之后的又一主导产业来抓。不断加强领导，强化措施，切实解决养殖业产前、产中和产后存在的实际问题，极大地调动了广大群众的养殖积极性和乡村干部工作的积极性。

锡伯族家养奶牛

吉拉吐乡每年坚持邀请和聘请县畜牧局领导和技术人员到乡对养殖户进行技术培训，进行政策讲解，进行信息沟通和市场分析，发放科技资料，受惠群众达1 000多人次。

（2）狠抓畜禽防疫

为了保障和促进畜牧养殖的健康有序发展，吉拉吐乡狠抓了畜禽防疫工作。乡政府成立了重大疫情工作领导小组，出台突发重大疫情应急预案，应及时启动应急指挥系统，成立防控工作组和督察组，实行副科领导联系村的督察和宣教活动。

乡政府与各村党支部书记、村委会主任签订了畜禽防疫目标责任书，并与村级防疫员签订了动物防疫承包合同书，明确了职责，制定了村级防疫员管理办法与考核标准，为春秋两季重大疫病防治提供有利条件。

加强村级防疫员业务知识与现场技能培训，提高综合防治水平。加强规模养殖专业户的培训工作，有针对性举办规模养禽大户防控高致病性禽流感知识培训班。积极开展《重大动物疫情应急条例》的宣传、贯彻活动，让干部群众了解《条例》的各项规定。

（3）注重品种改良

在品种改良方面，结合本乡实际，大力宣传品改工作，发放宣传材料4 000份，增设液氮罐5个，加强繁育改良同时，加快推进全乡牲畜的良种化程序。

吉拉吐乡党委、政府重视畜牧养殖业工作，带动了锡伯屯村畜牧养殖业的发展。全村基母猪达到500头，养猪户达到200户，其中，存栏50头以上的达到80户。

通过宣传、引导、扶持，全乡养殖大户已达61户，其中，锡伯屯村有28户，占全乡养殖大户的40%以上。

从整体看，吉林省锡伯族村屯畜牧养殖业的发展进度还较缓慢，其主要原因是单场面积偏小，没有形成大的规模，只能靠圈养为主。

锡伯屯村畜牧情况为：1986年，马100匹，牛1 000头，羊8 000只，猪10 000头。2014年，马78匹，牛180头，羊2 100只，猪13 000头。

西达户锡伯族村畜牧情况为：1986年，马120匹，牛30头，羊300只，驴10头，骡15头，猪200头。2015年，马20匹，牛30头，羊1 500只，驴10头，骡2头，猪300头。

三、农业生产

1. 清朝时期的农业

（1）远近闻名的“锡伯米”

明末清初，清政府在科尔沁十旗设立官屯，科尔沁所属之锡伯族军民成为屯田的重要力量。锡伯族生产的粮米已远近闻名，而被称为“锡伯米”。康熙二十一年（1682），康熙为征沙俄侵略军运兵黑龙江，并谕所需军粮，取诸科尔沁十旗及席北乌喇之官屯，约可得12 000石，支3年。康熙二十二年（1683）十一月，吏部尚书伊桑阿奏，在乌拉造船50艘，除将军萨布素所拨水手150人，再派乌拉兵200，猎户400，俟明年冰解时，即以伊

锡伯屯村稻田

锡伯族编筐

锡伯族扁长筐

屯口席北米，每船载50石……运至黑龙江。又据有关资料记载，清政府在黑龙江地区驻兵后，经常派人前往锡伯族地区采购军粮。如《黑龙江志稿》记载："郎坦等所请，造船56艘，所调兵预为派定，俟船成粮足，即令起行。目前乌拉屯乏粮，户部、理藩院各遣官一员，往锡伯、卦尔察地方采买。"

（2）农业生产唱主角

科尔沁蒙古"献出"锡伯军民编入满洲八旗后，分驻在齐齐哈尔、伯都纳和吉林乌拉，锡伯族人中的"附丁"与"闲散"，从事农业生产，供养军队。康熙三十八年（1699）和三十九年（1700），驻齐齐哈尔的锡伯族人分两批被征调南迁途中，都曾停驻于伯都讷垦荒种地，秋收后南行。

随着旗地逐渐向民地的转化，大多数锡伯族人成为自耕农，"务户里达"成为地主或富农。

从畜牧业和渔猎转为农业生产，是很长的历史发展过程。锡伯族起初对农作物和土地并不重视，打的粮食以足食为限，开垦较早的土地，距村的距离都是较远的。而村周围的草地供牲畜牧放。一般来说，开垦较晚，大约到19世纪中叶，成群结队的牛马和羊只逐渐少了，农业生产在经济中占了重要的地位。

由畜牧和渔猎转为农业生产的主要原因有三：第一，受汉族的先进的农业生产技术的影响。第二，人口增加，土地的开垦越来越多，草场逐渐缩小，从事农业生产更为有利。第三，由于封建统治者的鳇鱼差负担过重，再

锡伯族独轮车

锡伯族粮斗

加务户里达和牧主相互勾结，对贫穷的锡伯族人民敲诈勒索，使得他们失去了牛、马、羊只，不得不拿起锄头来开荒种地，经营农业。

（3）发展农业好条件

在吉林省的锡伯族主要聚居地区——扶余县的达户、明安、双屯子和前郭尔罗斯的锡伯屯等村庄，都是分布在紧靠松花江中游的两岸。距江最远的双屯子也不超过10公里。这一带地势平坦，土地肥沃，引水灌溉方便，再加气候温和，适合于种植各种农作物，农业的发展有很大的前途。这里种植的主要农作物在各个历史时代有所不同。在清代主要是糜子、荞麦，其次有高粱、谷子、豆类、小麦等。民国时期，才开始种植玉米。中华人民共和国成立后开始种植水稻，而播种的面积逐年扩大，产量有所增加。生产工具在清代主要有木柄铁铧犁、锄头、镰刀、铁锹等等。这些工具非常笨重，耕作技术也很粗糙，散撒种子，不施肥，收获量也很低。民国以后，从外地传来了粮耙和有马拉的深耕犁，耕作技术有所提高，但未能从根本上改变。

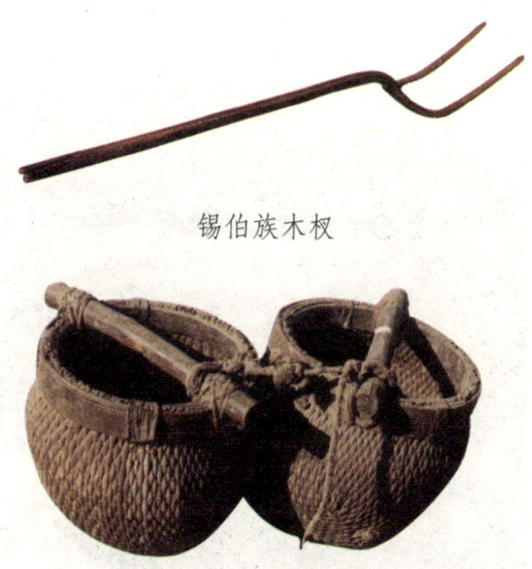

锡伯族木杈

锡伯族柳条桶

锡伯族牧放牲畜的草地和开垦农田的荒地，称之为“晾网地”，这是北返的锡伯人奉清廷之命，负有向清廷进贡鳇鱼的义务，凭皇帝的“执照”在松花江沿岸锡伯族聚居村落的周围广占草场，有的占草场面积直径达5公里多。“晾网地”与一般土地没有明显的界线。

锡伯族对所占有的草场和土地，只有使用权，没有出卖权，只能典当不能买卖。土地的最高所有者是清朝皇帝。这一制度一直延续到清末，才逐渐可以自由买卖。

2. 民国时期的农业

（1）农村土地典当买卖

民国初年，锡伯屯中的最大富户关一尺杆，种200垧地，只16垧是自己的，其余184垧都是典别人的。光绪初年出现明典暗卖的现象，到民国初年，土地的买卖才日益增多了。

“晾网地”的使用权名义上是全屯所有，而实际上由于社会政治地位的不同，财富占有多寡不同，所以对“晾网地”的使用权也不同。就以开荒来说，开垦土地必须有许多强壮的牲畜、耐用的工具和充足的劳动力才能进行。生活贫穷的人，一年到头忙于吃穿，没有余力去开荒。由于生产资金的

蔬菜大棚

限制，贫农开垦土地的数量很少，质量也差。有钱有势的人，一方面凭着足够的生产资金雇人开荒，耕畜、农具充足；另一方面，还可以指定一片土地让民户（汉人）开垦耕种，而地权归自己所有。从第六年起，向地主交租，称为“五茬地租”。谁开荒地权归谁，只能利于富户。

大棚内景

（2）锡伯人中的阶级分化

民国初期，土地由明典暗卖转向公开买卖。土地的买卖很多，土地的兼并同时加深。锡伯屯的锡伯族，在民国初年有一个大地主，有200垧地，有184垧均是典的，雇佣20多个伙计，同时全屯还有七八户中小地主，占有土地30垧、50垧或80垧不等，雇三四个或六七个佃户，全屯有二三十户自耕农和佃户。一部分养成靠剥削为生的人，不参加生产劳动，坐吃闲饭。

达户屯在清末有六七个窝棚，欠佃户的债，不得不把土地出卖。所以民国初年的锡伯族变化很大，有相当一部分人，由剥削者的地位变化成劳动人，有的则离乡背井，到处流浪，出卖劳动力，或给他人佃种土地。

封建地主的剥削形式，主要是佃种、出租土地和高利贷剥削等。剥削是从清末到中华人民共和国成立之前，如佃种，光绪年间以半分为最多，民国以后为四六分或三七分。地租，光绪年间一垧地为七八斗（一斗20公斤），民国以后，一垧增为一石二或两石以上。高利贷一般为二三分利息，清末借贷牲畜比借钱的利息高得多，有时要高达一倍。

1920年，军阀政府强制锡伯族人不但要交纳自民国以来所积欠的银粮大租，还要补交清丈土地时清出的浮多地税。这就迫使大多数锡伯自耕农变卖土地而成为雇农。此后，由于封建剥削加上殖民统治，使锡伯族人中的阶级分化益发激烈。

（3）锡伯族农村的土地改革

1945年抗日战争结束，吉林省锡伯族人民同各族人民一起得到了解放。当时吉林省锡伯族所居住的农村中贫富之分极为悬殊。

1946年春在党的领导下，首先对地主展开清算斗争，没收了地主富农剥削农民的部分粮食钱财，分给了农民，并且平分了他们的青苗地。这次分青，地主富农虽然被打倒，他们还保留着大量的土地，而且大部分是土肥近村的好地。为了从根本上打垮封建势力和彻底实现“耕者有其田”的革命目标，1947年党和政府又领导锡伯族农民和各族农民一起进行了轰轰烈烈的砍挖斗争。1947年冬至1948年春根据《中国土地法大纲》进行了复查和平分土地的工作。

锡伯族铡刀

锡伯族木犁

在锡伯屯当时每人平均分得5亩2分地，好地由雇农、贫农优先选择。

扶余县达户屯一位40多岁的雇工出身的锡伯族农民过去两代都是终年累月给地主扛活，始终没有还清欠下地主的债务，一直到土改时才拨云见日，一家人分得5垧多地，还有一匹马、一座房子和其他农具等。从此锡伯族人民个个扬眉吐气同声高唱：“吃水不忘打井人，翻身不忘共产党。”

锡伯族木水桶、水瓢

土地改革，使锡伯族农民在

政治、经济上翻了身，获得了土地和其他生产资料。吉林省锡伯族农民在土改后，积极响应党的“组织起来”的号召，迅速走上了互助合作的道路。早在1948年初，锡伯族农民和其他兄弟民族一道，在自愿互利的原则下，在已有“插具换工”的基础上，开始建立了临时季节性互助组和常年互助组。在前郭尔罗斯锡伯屯，1948年出现了“人合心，马合套”的换工插具组。

3. 中华人民共和国成立后的农业

1949年，中华人民共和国成立后，吉林锡伯族农业进入到一个新的时期。

（1）参加初级农业生产合作社

1953年时，前郭尔罗斯锡伯屯全屯除20%的农户仍然留在季节性互助组外，其余80%的农户都参加了常年互助组。

1953年党中央公布了过渡时期的社会主义建设总路线，锡伯族居住的村屯出现了一批初级农业生产合作社。在扶余县的达户屯，1954年由8户锡伯族和8户蒙古族组成了屯子里的第一个初级农业生产合作社。到1955年，本屯的锡伯族已经全部入社。

并肩起舞走向新时代

前郭尔罗斯锡伯屯这一年已有5个初级社。由于初级社是半社会主义性质的，大部分生产资料仍然归私人所有，土地、耕畜、农具还取报酬。如，前郭尔罗斯锡伯屯将入社土地分成四等，分别给予1石、8斗、6斗、4斗粮食的红利，因此半社会主义性质的初级社过渡到完全社会主义性质的高级社，就成为广大锡伯族农民与其他兄弟民族的迫切要求。

（2）组织高级农业生产合作社

1955年冬到1956年春，在锡伯族聚居的地区和全国其他地区一样，形成农业合作化运动的高潮。这时期吉林省锡伯族农民和杂居在一起的其他各族农民，以村屯为单位，分别组织了高级农业生产合作社。如前郭尔罗斯锡伯屯于1956年春将原5个社合并，建立高级农业生产合作社——松江之社，至此该屯农户全部入社，完成了农业社会主义改造任务。

（3）集体加入人民公社

1958年的秋天，毛主席的“还是办人民公社好”的指示迅速地传到了吉林省锡伯族农民居住的村屯。锡伯族人民纷纷加入人民公社，在为时不到1个月的时间里，吉林省锡伯族农民已经全部参加了人民公社。在前郭尔罗斯的锡伯屯，当1958年隆冬10月搞深翻时，自愿派出了一支20人的劳动力到邻屯七家子进行支援达30余天。在扶余县达户屯、土木街、双屯子等地锡伯族和其他各民族劳动人民之间历史上就共同战斗，在共同劳动和生活中建立了深厚的友情。在前郭尔罗斯的锡伯屯，当汉族邻居生病时，锡伯族、蒙古族邻居一天几次去探望，并且常常把自己的牛奶送给病人；当锡伯族人有事时，同村的汉族、蒙古族也主动地去帮助，都看作是自己的事情。

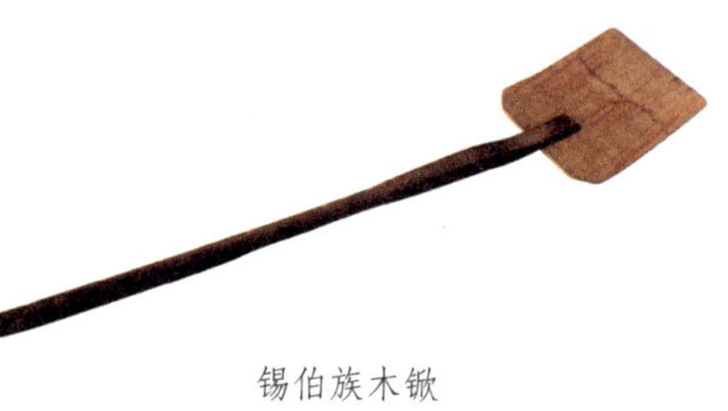

锡伯族木锹

（4）政府扶持发展农业

吉林省锡伯族人民主要从事农业生产，以种植粮食作物为主，主要农作物为水稻、玉米、谷子、小麦、高粱；经济作物为大豆。

中华人民共和国成立以来，为了迅速发展锡伯族居住的村屯农业生产，党和政府给予了该地区大量的农业贷款、救济款等。扶余县的达户屯仅1952年和1957年两年得到贷款达13 800元。前郭尔罗斯蒙古族自治县锡伯屯截至1959年月供贷款9500余元。这些农业贷款为锡伯族居住的村屯农业生产的发展提供了有力的保障。

锡伯族石碾

在兴修水利方面，中华人民共和国成立后国家在锡伯族居住的村屯修建了大型水利工程，如前郭尔罗斯蒙古族自治县的松花江防洪大堤。此外，还建设了不少中小型水利工程，不但基本上消灭了洪涝灾害，而且还扩大了浇灌面积。前郭尔罗斯蒙古族自治县锡伯屯于1957年新开了一条灌溉干渠（南北长1.5公里，东西0.5公里，干渠宽15米，深1米）和8条支渠，有2500多亩的旱田改为水田。

扶余达户屯也在1958年引松花江水上岸，新开改造水田70多垧，又新植了沿江沿河的桑树。

中华人民共和国成立前锡伯族农民所使用的农具，不但数量少，而且十分简陋；中华人民共和国成立后锡伯族居住的农业社一方面制备了大批普通农具；另一方面也购买了许多新式农机具，如播种机、双轮双铧犁、单铧犁、铲耥机、打稻机、胶皮车等。前郭尔罗斯锡伯屯自从互助合作化运动以来购买的新式农具，截至1958年已有4种69件，这些新式农具的推广有效地提高了生产力。锡伯族村屯的主要牵引力是牛、马等耕畜。锡伯族人民为了适应农业生产发展的形势，很重视保畜和增畜，逐步满足了农业生产的需要。前郭尔罗斯蒙古族自治县锡伯屯1958年比1947年马增加到78%，牛增加到63%以上。

在施肥方面，中华人民共和国成立后也有很大改进。过去锡伯族农民在田里很少施肥，园田里施肥量也很低，一般只施一次底肥，几乎不懂施肥的方法，因此产量很低。合作化后，为了增产增收，积极发掘肥源，扩大施肥面积，增加施肥量，广泛地实行了追肥。前郭尔罗斯锡伯屯1958年为了积肥，不仅做到家家有

锡伯族四股杈

厕所，屯里设公共厕所，而且做到了牛马有棚，养猪有圈，因此积了很多粪肥。同时，还施用了化学肥料和土化肥，每亩平均施肥量约达2 500公斤，扶余达户屯达3 000公斤，从而提高了农作物产量。

在种植高产作物方面，合作化后锡伯族居住的村屯大量种植了高产作物。前郭尔罗斯锡伯屯与扶余达户屯都种植了水稻、玉米、大豆等高产农业作物，增加了产量。选种方面，锡伯族农民采取了块选、穗选、田选、单割、单打、单放等好多方法。在消灭病虫害方面，普遍采用了“六六六粉”“赛力粉”等农药进行种子消毒，避免了病虫害。为了躲避风灾，进行了大自然改造，积极参加了国家大面积营造防风林带，解除了风沙灾害。

中华人民共和国成立后吉林省锡伯族居住的村屯农业生产得到了发展。

1958年，扶余达户屯锡伯族人民用两个半月时间，引松花江水上岸，开改水田20多垧，到秋天共打稻谷10多万公斤。

为了进一步解放生产力，各级政府帮助锡伯族人发展生产，引导他们选用良种，改进落后耕作技术，发展水利事业，促进了农业生产。

（5）锡伯族农业的丰获期

改革开放以来，在党和政府的高度重视下，锡伯族村屯农业得到了较快的发展。

西达户锡伯族村的农业发展

1981年发放补助款8 000元，分别拨给锡伯族聚居的三队、四队和村小学。1983年拨补助款给西达户村14户生活困难的锡伯族农民，每户平均640元，每户买马一匹。1984年和1985年又拨款6万元给42户锡伯族，共买耕牛45头、四轮拖拉机1台，有的户用此款还清了欠多年集体款项，还有的户

锡伯族摇轮

锡伯屯村稻田新农业机具

以此作为资金开办了小商店。

西达户锡伯族村1986年的农业经济情况为：全村户数370户，劳动力420人，农村人口980人，粮食产量1 280吨，总收入190万元，人均收入1 200元。到2014年全村户数325户，劳力数560人，农村人口1 000人，粮食产量3 736吨，总收入1 500万元，人均收入6 300元。

西达户锡伯族村1986年玉米播种面积380亩，总产190万公斤，单产500公斤。到2014年玉米播种面积390亩，总产625万公斤，单产1 250公斤。

到2014年底，西达户锡伯族村农业机械总动力为3 100马力，农田拖拉机（大、中、小型）总数150台（轮式、手扶），其他农机具100台。

锡伯屯村的农业发展

前郭尔罗斯蒙古族自治县政府每年都帮助锡伯族困难农户解决购买化肥、种子等资金问题。在党和政府的关怀下，锡伯族人聚居地的农业生产有了很大发展。锡伯族聚居的锡伯屯村有土地452公顷，其中有新开水田252公

锡伯族木质手扶犁

顷。他们除种植水稻、玉米外，还为种子公司培育玉米良种。由于实行农业生产责任制，推广科学种田，粮食产量大幅度增长，副业生产也有很大发展。

1986年，锡伯屯村全村700户，劳力数1 000人，农业人口数2 000人，粮食产量3 609吨，总收入310万元，人均收入1 500元。2014年，全村834户，劳力数1 137人，农业人口数3 234人，粮食产量5 062吨，总收入3 880.8万元，人均收入12 000元。

锡伯屯村的农作物以水稻为主，1986年水稻播种面积7 215亩，总产360.75万公斤，单产500公斤。2014年播种面积7 500亩，总产506.25万公斤，单产675公斤。

锡伯屯村1986年有粮油加工5户，收入25万元。到2014年粮油加工4户，收入110万元。

四、商贸与手工业

1. 锡伯族的商贸

（1）清代的商贸

商贸对于锡伯族经济生活是不可或缺的组成部分。历史上，锡伯族的商贸主要是随行就市，以物易物货币交换等方式进行。其中有记载的商贸活动以清代为多。早在后金时期，锡伯族人就与后金有了贸易，包括购买家奴，如《满文老档》卷五十一记载：天聪六年（1632）三月十二日，正蓝旗觉伙托出哨析木城，发现可疑踪迹，经跟踪，拿获奸细10名后，杀死其中2人，执送奸细8名，该奸细带有水银12两、佛头青布3匹。后又杀死5名奸细，将3名奸细卖给科尔沁蒙古、锡伯。

清代，锡伯族生活资料基本上自给自足，交换很不发达。居嫩江、松花江流域的锡伯族与周围民族互为贸易，常以皮革同满族换取布匹或购买农具；蒙古族和清朝官兵、驿站站丁也常到锡伯村落购买粮米和牲畜。顺治二年（1645）至康熙十一年（1672），清总管内务府每年均派遣官员至锡伯地方，以绸缎、布匹等物换取当地貂皮、猞猁皮等土特产品，供皇室王宫享用。清总管内务府，先后委派官员每年领取绸、锦、缎、纱、佛头青布、布头及茶叶等物，向锡伯、索伦人等易取黑貂皮、猞猁皮、羊皮及鹿茸等物。康熙四年（1665）至康熙七年（1668），仅毛青布就逐年增加，由700匹、800匹直至1200匹，其他日用百货多依赖汉族流动货郎以物易物。

康熙十一年（1672）至康熙三十三年（1694），清政府停止了与锡伯等的贸易。在清与锡伯等的贸易被禁期间，清政府仍单方面向锡伯等购买马匹、粮食和牛只，以解决其军需。康熙二十四年（1685）十一月下旬，协领哈尔萨等向锡伯地方购马600余匹；康熙二十七年（1688）五月、八月、十二月又3次向锡伯地方购买饲料粮、驿站用牛马，但这均属于非贸易性质。

在清与锡伯等的贸易被禁期间，民间贸易并非完全停止，而是暗地里仍在进行。

（2）中华人民共和国成立初期的商贸

在商业方面，中华人民共和国成立前在锡伯族人民居住的村屯里主要依靠流动货郎和集体进行商贸活动。中华人民共和国成立后，在党和政府的领导下，锡伯族的村屯都建立了供销合作社，除供应人民的生活用品和生产资料外，还收购大量的当地土特产品，促进了城乡物资交流，稳定了物价，调动了锡伯族农民的生产积极性。以扶余达户屯供销社为例，1950年刚刚成立的时候，只有盐、布等寥寥可数的几种商品，但到1958年的春天，商品种类已增至1 100多种，农民的购买力也逐年上升；在1952年的时候，平均每家农户只能购买100元左右的商品，但到1957年底每家农户的平均购买额达150元，而到1958年底每家农户的平均购买额已增加到170多元。由此看出，锡伯族人民的生活状况日益改善。吉林省锡伯族农民每家每户不但吃穿不愁，而且许多家庭还购买了钟表，安装上了有线广播喇叭，生活越过越甜美。

（3）改革开放后的商贸

改革开放以后，随着商品货物流通渠道的畅通、商品品种的大量增加，锡伯族的商贸活动也不断活跃。据在扶余县三骏满族蒙古族锡伯族乡西达户锡伯族村调查，改革开放以来至今，村中已有6家超市、食杂店，日常百货基本不用出村就可购买到。大件或高档商品可到集市或县城购买。

随着收入的增长，生活水平的提高，购买力的加大，锡伯族村屯户均高档消费品拥有量也越来越多。

2. 手工业

（1）锡伯族手工制品加工

手工业在锡伯族经济中是一种辅助性行业。手工业加工有编席、编筐箩、扎扫帚，雕马鞍，生产狩猎用弓箭、长矛、大头木棒、兔网、圈鱼用的柳条渔罩、圈笼（花篮子）、迷魂筐和渔网，农业生产使用的柳条耙、簸箕等，都是锡伯族手工编织制作的。

清初，锡伯族住东北时，擅用桦树皮制造器皿，有碗、盆、盒、篓、筒

草帘子成品

草帘编织机

草编制品

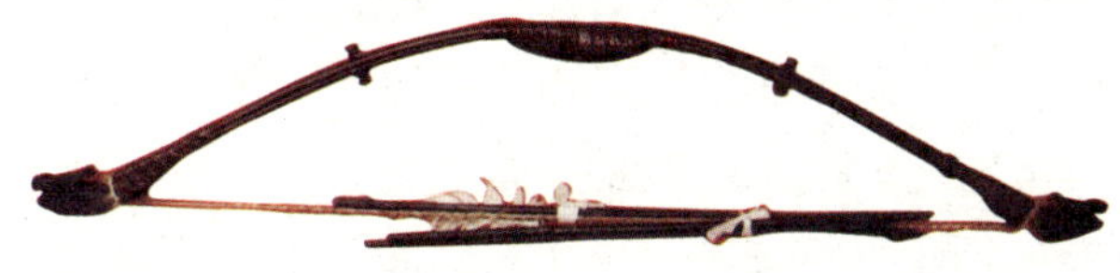

弓箭

等。装饰纹样有几何形、动物形、植物纹等，以鹿形装饰纹样为多。

从生产工具方面看，在科尔沁蒙古统治时期，锡伯族的车辆就被清政府和科尔沁人雇作他用，数量不少，这些车辆正是锡伯族所制。另外，当时所用渔具、小农具、交通用雪橇也都自制，这些东西并不需要特殊工艺和手段。弓箭是狩猎生活的产物，也是锡伯族传统的手工业制品和武器之一，制作精良，种类繁多。以箭为例，有大披箭、骨镞箭、叉子箭等，弓箭的制作技术也世代相授，流传颇久。

（2）锡伯族工匠和铁匠

康熙三十四年（1695）时，锡伯族已有不少的锡伯族工匠和铁匠，如齐齐哈尔24牛录中，多波和、顾玛、那木萨尔、乌勒锥、沙特希、离勒托、索多尔、玛拉泰、阿喀纳、莽色、阿杜沁、海萨、岳克托为工匠。锡伯族人从齐齐哈尔迁到伯都讷，再从伯都讷迁移盛京，其车辆的维修与维护，都与锡伯族工匠、铁匠息息相关。

锡伯族的手工业多受汉、满等民族的影响，各牛录所修建的房屋、庙宇等，都和东北的房屋相仿，门框、窗、屏风都有精雕细琢的图案，箱柜等都

草绳加工

待运的草帘成品

刻有各种禽兽、花卉图案，其中以刻牡丹、莲花较多，禽兽中以刻仙鹤、凤凰、麒麟为多。村各牛录修建的关帝庙、娘娘庙、痘神庙都与汉族的庙宇相仿。铁匠有一定的生产工具，原料靠外族输入，一般制作铁制工具等，不出牛录就可以制好。一般加工锄头、镰刀、铁锨、斧子、菜刀、铁钉、车轮、铁马掌等都由本族铁匠来做。

（3）锡伯族人的手工编织

吉林省锡伯族屯的锡伯族人除掌握传统的手工工艺造木船，织补渔网，制作生产工具、武器等外，还掌握熟练的手工编织技艺。如前郭尔罗斯蒙古族自治县吉拉吐乡锡伯屯的锡伯族人和兄弟民族相互学习、促进，涌现出了许多手工编织大户，其编织产品销往辽宁、黑龙江、内蒙古等省区。

缝制是锡伯族妇女擅长的技艺，锡伯族的妇女缝制一家人的冬夏服装，更擅长绣花，小孩子的衣服、妇女的鞋袜上都精心地绣有各种图案。

机制稻草板

草帘加工

手工编织包

手工编织篓

锡伯现代手工编织品

手工编织

手工编织工作间

锡伯女孩展示手编工艺品

未完工的手工编织品

装车待运

中华人民共和国成立以后，年轻的一代无暇学习绣花、缝制衣装、学用机器。传统的手工技艺逐渐为现代新技术所取代。改革开放后，锡伯屯村的手工编织仍在进行。

五、现代农村经济应运而生

随着改革开放的深入，吉林省锡伯族村屯的传统农村经济也顺势而导逐步向现代经济转型，并不断彰显出生机和活力。

1. 新兴企业风生水起

改革开放以来，特别是近年来，吉林省锡伯族乡村企业不断得到发展。据2009年统计，扶余县三骏满族蒙古族锡伯族乡，工业企业达到79个，企业从业人员为405人，吸纳了大量就业人员。

在县委县政府的正确领导下，乡党委、政府积极运作、科学谋划，通过

产品包装

员工粘贴商标

方方面面的关系，晓之以理，动之以情地耐心工作，进行招商引资。

前郭尔罗斯蒙古族自治县吉拉吐乡锡伯屯村也建立了一批企业。

锡伯族乡、村企业的快速发展，带动了整个农业的经济链条，朝向小康社会迈进。

2. 农民工离乡走南闯北

农民工劳务输出，是改革开放以来农村工作出现的新生事物。随着社会主义建设的深入进行，农村人口的不断增加，人均耕地面积相对减少，加之党和政府对农业实行机械化，高新技术的日益推进使农村闲置劳动力不断增多，他们迫切地需要走出农村进入城市，这样就产生了农民工劳务输出的现实问题。

农民工劳务输出，也称为劳务经济，劳务输出增加农民的工资收入，是百姓收入的重要组成部分，2009年，扶余三骏满族蒙古族锡伯族乡外出务工人员达8 000人，在大连、哈尔滨、长春等全国各主要城市以从事建筑业为主，每人按收入3 000元计算，全乡劳务经济收入就可达240万元。

据调查，前郭尔罗斯蒙古族自治县吉拉吐乡锡伯屯村，常年在外务工者有200人左右，季节性常务输出者约300人，除在吉林省各大城市务工外，在广州、深圳、珠海、大连等地都有锡伯屯村人的身影，劳务输出在很大程度上增加了农民的收入。

3. 创办专业合作经济组织

锡伯屯村所在的吉拉吐乡地处松原市南12公里处，具有“城边、路边、水边”的三边区位优势，资源丰富、交通便利，通信快捷、经济发达，软环境好，是较具发展潜力的农业大乡。

北显有机农业农民合作社

近年来，随着种植业、养殖业这两个主导产业的不断发展，全乡经济增长迅猛。因此，以农民自愿参加，以农户经营为基础，以某一产业线产品为纽带，以增加成员收入为目的，实行资源技术、生产、购销、加工等互助合作的经济合作组织或协会组织便应运而生。目前，全乡各类农民专业合作经济组织达14个，其中工商部门登记并冠名的有5个，涉及水稻、花生、养殖、草编、加工、劳务等多个方面。农村合作组织是市场经济发展的必然产物，是对现行农村双层经营管理体制的发展和完善。面对激烈的市场竞争和复杂的市场环境，合作组织有效地解决了家庭经营“两个不能有效对接”的局面，即解决千家万户的农民与千变万化的市场不能有效对接、分散生产与产业化经营和标准化生产不能有效对接。合作组织在为农户提供产前、产中、产后全程服务中，把最新的市场信息和技术成果带给农民，弥补了政府职能转变过程中社会化滞后的缺陷，解决了单家独户“办”不了，基层组织“统”不了，政府部门“包”不了等诸多问题。为此，吉拉吐乡党委政府结合实际，坚持“民办、民管、民受益”的原则，从政策、程序、场地、协调等方面给予最大支持，乡村两级组织在实际工作中，注重强化引导和服务，立足产业化，充分发挥农村合作组织对农业产业化经营的促进作用，积极推进集约化、专业化、规模化、标准化生产。针对全乡3 000余公顷水稻生产实际，乡政府为锡伯屯村的龙头企业北显公司提供场地，帮助协调各种审批手续。引资500余万元，建设北显粮油贸易有限公司。并以其为载体，采取公司加农户的形式，成立了吉拉吐乡稻米生产加工合作社。合作社同公司签订“秋田小町”水稻种植订单，面积达400公顷，涉及农户380户。每公斤水稻高于市场价0.5元。仅此一项就增收180万元。

农村合作组织是农民自己的组织，扶持合作组织的发展，农民受益最直接。乡政府按照县里出台的《加快农民专业合作经济组织发展的若干意见》要求，适时地采取相关措施，提出了切实可行的意见，不断地扶持、规范经济合作组织的发展。通过与各级财政支农资金的协调，争取10万元用于锡伯屯草编农民专业合作社的建设与发展。锡伯屯村草编农民专业合作社，法人是村党总支书记、村民委员会主任（一肩挑），由草编大户任理事，成员发展到300余户。大型草帘机全年生产可达300余天，小型生产全年可达90余天。全年生产量可达200万条。

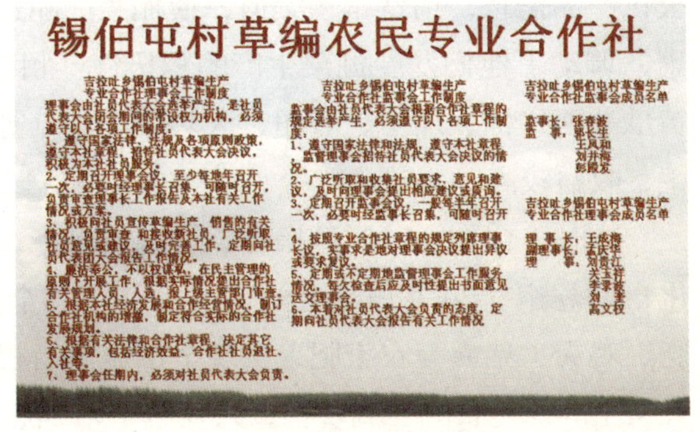

锡伯屯村草编农民专业合作社制度

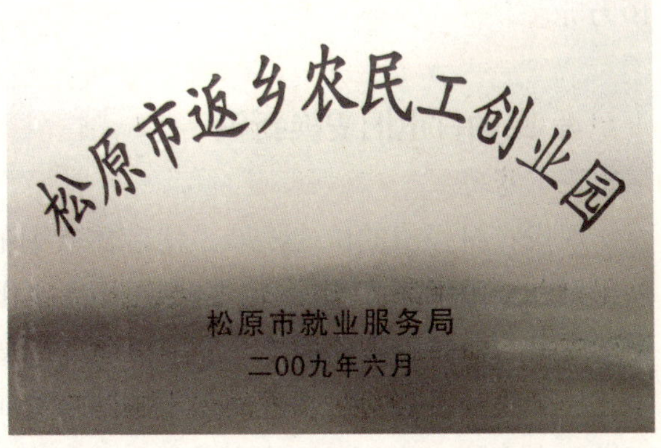

锡伯族村返乡农民工创业园

吉拉吐养殖合作社，法人锡伯族于大军为了带领农民致富、解决农民增收问题，带领锡伯屯、扎拉吐两个村的养殖户成立专业合作社。合作社养殖户现在已达180余户，仅百头以上养猪户就达20户。在他们的带动下，全乡畜牧养殖得到了较快发展，全乡养殖大户已达61户。锡伯屯和吉拉吐养猪小区基母猪发展到3120头，上、下嘎和扎布格养鹅小区，实现养殖2万只。全乡畜牧养殖业发展总数达235万头（只），2010年末，全乡畜牧养殖业总收入达到13 000万元，占全乡经济总收入的23%，畜牧养殖业人均收入达2 000元。

吉拉吐乡棚菜生产合作社是最近几年才成立的。吉拉吐乡棚菜经济发展历史较久，但是，过去由于建设标准低，生产者技术水平差，市场销售渠道不畅，加之经营不当、管理不善等，棚菜经济效益不佳，没有真正实现“一亩园十亩田”的经济效益。一些棚户甚至将大棚低价转包。成立棚菜生产合作社后，通过县农业总站、乡农业站、乡村网商等，对菜农进行各村技术培训，帮助他们提高种植技术、管理水平，搞好品种调整和调优，并通过网络公布产品信息，拓宽销售渠道，使棚菜产品适应并畅销市场，棚户得到了实惠，调动了他们发展棚菜生产的积极性。目前，棚菜区种植品种多为叶菜、黄瓜、西红柿、茄子、豆角、大头菜、平菇等，一年三茬，冬季多以叶菜为主，收益较高。

同时，合作社还通过指导、协调、投入，棚区内每个大棚全部实现机械化自动卷帘，30多户建有沼气，水、电齐全。棚户还沤制、利用沼气池底肥、鸡粪、猪粪等农家肥，实现全部施用有机肥，使生产出的蔬菜成为真正意义上的绿色食品。到现在，共发展平菇7栋，年创纯收入8万元；饲养特色蛋鸡1万多只（以虫子为主饲料），年纯创收10万元；花卉基地3栋，年创收10万元。

4. 锡伯村屯旧貌换新颜

现代农村经济的快速发展，使吉林省锡伯族村屯旧貌不断换新颜。如锡伯屯村：2010—2014年锡伯屯村主街路硬化总长度2 235米，总排水沟长13 700米，安装新型路灯599个。有线电视普及率达100%。吉拉吐乡中学、中心校分别设在该村所在地（现有中学生750余名，小学生300余名），学前班设在中心校。乡卫生院设在该村，使用燃气罐的农户占80%以上，使用沼气清洁能源户15户。巷路沟污水自然排放。设群众文化广场一处，体育器材健全。牧业养鸡小区一处。规模养蛋鸡近4万只以上。2009年被确定为省绿化重点村，全部绿化一次达标。2010年—2014年，锡伯屯村绿化2 100棵各种树木。

受到锡伯族关爱的残疾人

2014年改建土坯房480间，面积144 000平方米，居民住宅砖瓦房达90%左右。

吉拉吐乡敬老院设在锡伯屯村，1986年敬老院有房10间，面积300平方米，收敬老人数11人，护理人员3人。到2014年敬老院房子数扩展至60间，面积3 000平方米。1986年全村拥有电话100台。2014年全村拥有电话121台，手机1 650部，电脑230台。

锡伯族村屯日益发生着的新变化，与党的领导和班子的建设息息相关。如锡伯族村，村两委班子建设齐全，现有党员54名，支委5人，支部书记1人，村民委员会主任1名，委员2名。村干部平均年龄40.5岁，中专学历。该村两委班子团结协作，有战斗力和凝聚力，在农村经济发展中起到了很好的带头作用。村现有挖掘机1台（35万元）、推土机1台（12万元），每年免费为百姓维修水利工程，同时，因地制宜，充分发挥本地资源优势，帮助农民兴办草编业。通过村干部组织带头，农民在新农村建设中积极参与，街巷路改造过程中按工投劳。在自我管理新农村方面，通过几届选举，农民能够端正态度，认真参与选举，真正选出了能够带领群众致富的“两委”班子。同时，选出了自己信任的群众代表，通过代表能够把群众心声带到“两委”班子，然后组织实施。在今后的新农村建设中，通过民主选举使群众选举权得到充分发挥，真正体现每个群众自己的意愿，选出自己信任的“两委”班子。

锡伯族农家

党支部连续3年被县委评为全县先进党支部，被松原市评为市级文明村、市级普法先进单位等。

由于锡伯屯村在社会主义新农村建设中取得突出成绩，2009年被批准为市级社会主义新农村建设示范村。

第四章

丰富多彩的民族风情

一、服饰与饮食

1. 服饰

（1）锡伯族的传统服饰

早在汉代，锡伯先民鲜卑就在吉林境内老河深地方留有踪迹，衣着上曾以皮装遮体为主，唐朝搬室韦（锡伯）兵征高丽，当时室韦（锡伯）人的服饰仍以兽皮为主。辽金时期，由于同中原汉族交流频繁，莫头室韦（锡伯）、黄头女真（锡伯）衣着中出现很多棉皮、丝绸，但冬季服装仍主要着皮裘。元、明时代，锡伯族与蒙古族密切接触，受其影响，皮衣、棉

锡伯族男袍

锡伯族女袍

袍、皮靴盛行。

在清代，锡伯族男子服装喜用青、灰、蓝等颜色，服式与满族旗装式样基本相同。为便于骑马、劳动与操作，身穿左右开襟的长袍和短袄，上套坎肩，下着散腿长裤扎腿带，扎腰带，腰带上经常挂上烟袋荷包，脚穿布靴，头戴笠帽（夏）、毡帽（冬）或礼帽，官员一般在长袍上套马褂。妇女穿戴要讲究些，大襟长袍要贴花边或绣花宽边，爱套穿坎肩，坎肩有对襟的、有大襟的，也贴花边，长裤扎黑色腿带，脚穿绣花鞋。少女与未婚姑娘，一条长辫，用各色“毛线”扎辫根，不剪头发帘，头上、辫梢爱戴些花，耳带金（银）耳环，穿着淡雅漂亮的旗袍。右侧腰部的衣兜口内，掖一条彩色手帕，一半露在兜外。脚穿绣花布鞋，显出青春的活力。媳妇的服饰与姑娘无大差别，但比姑娘穿着要鲜艳一些。

锡伯人的长袍系大半截的长袍，底边在膝下半尺许，袖口为马蹄形，可以卷上，可以放下，下身穿的长裤，外加“套裤”（只有两条裤

锡伯族坎肩和头饰

锡伯族男装

锡伯族皮袍羊皮内衬

身着民族服装的锡伯族老年妇女

腿，没有裤裆和后腰），春秋穿的是“夹套裤”，冬季则穿“棉套裤”，以别冷暖。

（2）新时代的锡伯服饰

中华人民共和国成立后，随着生产发展和生活水平的提高，吉林省锡伯族人民都换上了细布、化纤布、毛料等新衣，除少数老年人习惯穿长袍外，男女普遍穿着时装。但在民族服饰上取“锡伯瑞兽”作为装饰物，男式服装佩有足踏祥云、呈飞翔状的“瑞兽”，反映出果敢顽强的民族气质；在女式襟款肩上绣有脚踩莲花的“瑞兽”，表现出勤劳贤淑的锡伯族妇女具有的思想情操。

吉林省长春市锡伯族联谊会已将“锡伯瑞兽”定为联谊会会徽、会

锡伯族女长袍

锡伯族皮袍

锡伯族男帽

锡伯族老年妇女头饰

锡伯族女服饰

员证和各式民族服装胸襟上的图案。在锡伯族人崭新的观念中，已将“锡伯瑞兽”珍视为新时代民族精神的象征和人们对美好生活的向往，作为具有民族鲜明风格的装饰物正在被承袭下来，并逐渐广泛用于生产和生活中。

进入20世纪80年代后，锡伯族人受兄弟民族的影响，服装样式渐多，男装主要有西服、夹克衫、登山服、羽绒服等。女青年服装，夏装流行连衣裙、裹裙、体形衫、蝙蝠衫，冬装有女式羽绒服、皮夹克和各种呢料外衣。

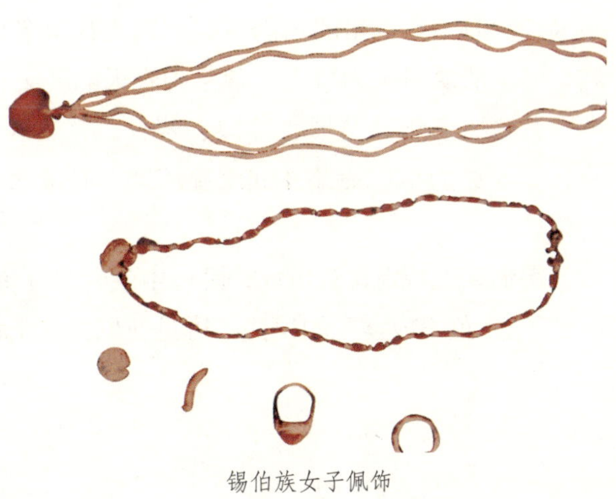

锡伯族女子佩饰

锡伯族服饰上的银扣

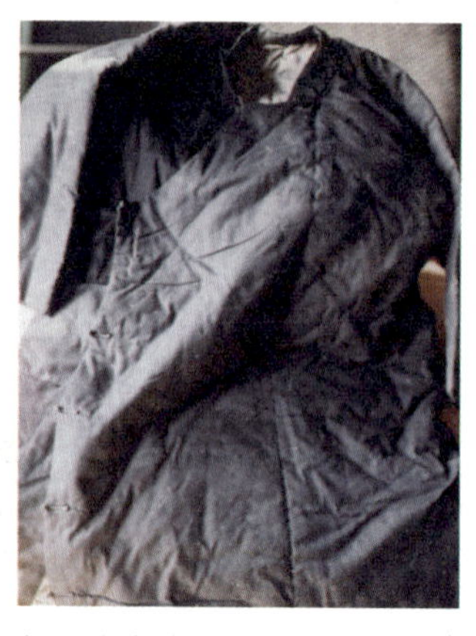
锡伯族布棉袍

20 世纪 90 年代以来，衣装流行羊绒大衣、各式羽绒服，多为衣帽连体式，内衣着棉服者渐多，运动衣渐被毛衣取代，后又多流行各式羊毛衫等。部分锡伯人还追求时尚，购买高档的裘皮衣饰，已不鲜见。

2. 饮食

俗话说“民以食为天”，表明饮食的重要。

（1）锡伯饮食的多样化

锡伯族人在古代以渔猎为主要生产活动时期，其主食是肉类，其次是用稷子米炒制的炒米。从事农耕后，居住在农村的锡伯人以本地生产的粮食为主食。喜吃红小豆和绿豆，认为绿豆能解毒，红小豆能补血调心。

吉林省锡伯族，副食以蔬菜为主，肉类次之。肉类主要是猪肉、牛肉、羊肉，另有一定数量的禽肉鱼虾。肉类食法多与满汉习俗相同，但做法以清炖、清蒸清淡口味为特点。蔬菜中春天的菠菜、韭菜、小白菜，夏秋天的土豆、芸豆、茄子、黄瓜、辣椒、萝卜、芹菜等为常用蔬菜；冬日则以白菜、萝卜、土豆为常用蔬菜，家家腌渍“花花菜”，挖窖储白菜及萝卜，成为家常菜。

锡伯族人特别喜食鱼虾，民谚中就有“臭鱼烂虾，下饭的冤家”“无鱼则不食”“无鱼不成宴”的说法，可见他们喜吃鱼虾的程度。

晒鱼干

吉林省沿江居住的农村锡伯族人，不但喜吃鱼虾还有晒鱼干的民族传统，并一直传承至今。据2015年7月的实地调查，前郭尔罗斯蒙古族自治县吉拉吐乡锡伯屯村锡伯族人刘宝库的仓房里，就挂着一串吊在窗前的鱼干，这在东北很少见了，现在人随时都能吃到新鲜鱼，谁还会费力晾鱼干呢。而对于锡伯族来说，晾鱼干是他们保留下来的饮食传统。那时候，没有保存鱼的设备，打下来的鱼如果不腌制晾干，很快就腐烂掉了。将打下来的鱼腌好晾干易于保存，吃时，用开水泡开，或蒸或炖，别有风味。这既是锡伯族人的饮食习惯，也是他们于长期的渔猎生活中总结下来的经验。

喜吃猪肉和牛羊肉，尤其是“白肉血肠”“火锅子”更是锡伯族中最喜好的菜肴。谁家过年杀猪，常常把近支族人请来到场，共享盛宴。而“火锅子”，中华人民共和国成立前只有少数有钱人家经常能够吃上。

锡伯族食俗上也带有浓厚的古代“打牲部落”的遗风，他们除喜食猪、鹿、狍、牛、羊、鸡、鸭等畜禽肉外，更喜欢野味，尤其飞禽。

锡伯族民间流传着“宁吃飞禽四两，不吃走兽半斤”的说法，充分反映出他们的爱好。吉林、长春地区虽无大的野物可猎，但他们仍喜欢撵兔子打野鸡，打野鸭子、鹬雁等。冬天捕食麻雀、铁雀的风气也很浓。

锡伯御贡酒

锡伯族人还喜欢采食野菜，采食的野菜品种很多，如小根蒜、苦荬菜、柳蒿芽、榆树钱、婆婆丁（蒲公英）、野芹菜、山蕨菜、山蘑菇、木耳等几十种。有的生吃，有的炒吃，有的做汤吃，野菜不仅大改口味，而且从营养学角度说，也可以弥补家菜的不足。锡伯族民间的说法是，野菜更有营养，鹿茸之所以为宝，就因为鹿在深山里可以吃到许多奇蒿异草。

锡伯族人还自己做大酱、韭菜花，味道非常鲜美，韭菜花是流传多少代的调味品了，杀猪时蘸白肉血肠是味美无比的。还有用线麻籽做的麻籽豆腐，吃起来也很香，使人大开胃口。

（2）锡伯饮食的独特性

锡伯族的饮食，有自己的特殊习惯和特点，如锡伯粥。将牛羊肉或猪肉切成小块，与粳米放在一起熬成粥，加些佐料和盐。又加高粱米小豆干饭鱼肉汤。捕鱼季节，熬鱼汤与高粱米小豆干饭同吃，或者鱼炖豆腐、虾米小鱼大酱汤（用淀粉勾芡），吃高粱米小豆干饭。

锡伯族做面食有独特传统的做法，它是一种以特别引子发好面烙成的既薄又圆的饼子，因其具有芳香诱人、松软可口的特点，成为锡伯族人喜爱的食品。

品尝锡伯美食

发面饼的做法并不复杂，首先将面粉与面引子倒入盆里，拌水和好面，捂盖放置暖处，约半小时后，加上过滤的土碱水，再拌一次，加少许盐，约10分钟后，待面团发起后即可擀成饼状烙饼。擀面要求又圆又匀，厚度为0.5厘米左右，视锅的大小为标准，可大可小。将锅烧热，掌握好火候，不宜火旺或火小（农村一般用麦秸烧锅，效果甚佳），贴上擀好的面饼，待微起点点烤黄的小泡后，再翻面饼，这样三翻九转即可烙熟，直到正反两面都起够铜钱花纹才算烙熟出锅。

发面饼的吃法

很有讲究，饼子的正面被喻为天，反面被喻为地，上桌时掰成4块，比喻“欢迎四方宾客”之意，必须正面朝上，反面朝下叠放，不能弄反，依次食之，禁忌刀切。

“攥汤子”是一种用玉米水面做的主食，将玉米用水泡涨后，用磨磨成糊状（俗称水面），放到微有酸味时做汤吃。具体做法是：先炸锅（爆锅）哧汤，汤开后，将面从一薄铁卷成的小铁筒（一寸般长，大头比手指略粗，小头比手指略细）里用力挤到锅里（从大口挤，面从小口出），挤一下，蹿出一条，面全挤完后再下些嫩白菜或菠菜之类蔬菜，加盐和调料煮熟。如没有铁筒也可以用手攥，让面从虎口挤出，只是这种条不圆而已。味香而微酸，吃起来很开胃口，如少放些辣椒或胡椒，酸辣可口，吃起更香，做这种食品俗称叫“攥汤子”。

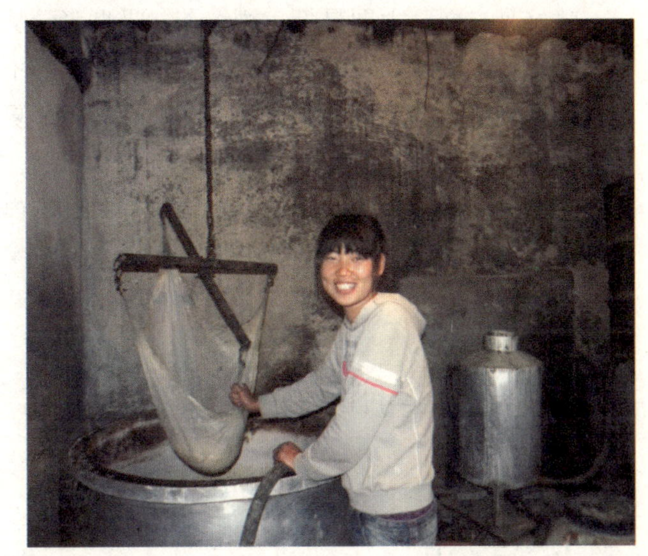

做酸茶的锡伯族女青年

（3）锡伯饮食的新时尚

改革开放以来，特别是20世纪90年代以后，吉林省锡伯族的饮食进入了新的时期，发生了很大的变化。

主食方面，粗粮变细粮，细粮成为城乡居民的主食，适时调配些粗粮，改改口味渐成一种时尚。“舶来”洋化食品为青少年所喜食，如汉堡包、肯德基等。

副食方面，对于蔬菜，锡伯族人民已经不满足于常见的土豆、白菜、萝卜、黄瓜等，出于增进健康的考虑，常吃有利于软化血管、降低血压的芹菜、洋葱和没被农药、化肥污染的山野菜如蘑菇、木耳、蕨菜等，对于肉蛋，锡伯族人已不限于以猪肉为主，而购买牛肉、羊肉、禽肉来增添多样性。锡伯族人也不仅仅喜食普通鸡蛋，更热衷于农村产的“笨”鸡蛋、乌鸡蛋、鹌鹑蛋等。

果品方面，普通的西瓜、香瓜、苹果、葡萄、李子等早就司空见惯。外来引进的白兰瓜、哈密瓜、香蕉、菠萝、猕猴桃、荔枝、芒果等也并不稀罕。

嗜好品方面，主要是烟、酒、茶。吸烟者已从叶子烟改成盒卷烟，个别年长吸烟者仍不改旧习，吸自卷叶子烟。喝酒者不满足喝本地啤酒，有的改喝外埠啤酒、扎啤，即散装冷饮、熟啤酒渐兴，夏季喝者尤多，冬季主要喝白酒，以助御寒，也有人品尝名酒或进口高档酒，为高薪阶层，民众因价格昂贵，多不敢问津。饮茶者日渐增多，近年来因保健宣传，绿茶颇得一些中老年人的青睐。

二、居住与出行

1. 家庭居住

（1）锡伯族的家族与家庭

氏族是以血缘亲属关系为纽带的原始社会的基本细胞，锡伯族的氏族制阶段是比较漫长的。随着社会的发展，本民族的生产水平也逐渐提高，其社会组织也在发生变化，使之原来的血缘关系渐渐地失去它的作用而过渡到了一夫一妻制的以个体家庭为单位的社会组织。锡伯族的每个“村屯”都是由不同的“哈拉”（姓氏）、“莫昆”（氏族）家庭组成的。

如吉林省扶余市达户屯五姓锡伯族人，经过近300年的繁衍生息，已从5个“哈拉”增扩到几十个“莫昆”和家庭。

锡伯族的家庭是以血缘关系为纽带的基本的社会组织和经济单位，每

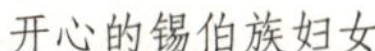

开心的锡伯族妇女

锡伯屯村的欢乐家庭

锡伯族地柜

锡伯族炕柜

个家庭都是属于某个“哈拉”的。锡伯族的哈拉是严格的血缘亲祖系统，哈拉达由本哈拉成员民主选举产生，一般都是辈分最高且德高望重的长者，一经选出的哈拉达就有至高无上的权力，任何人都不能冒犯，本哈拉所有成员都要遵守他主持制定的本哈拉规章制度，服从他的意志。哈拉达有审判权，包括对民间斗殴、婚姻案件、无礼行为等，甚至攸关人命的案件也可以处理。在本哈拉内一旦有什么要事，哈拉达先召集所属各个莫昆之莫昆达碰头议事，然后着手处理所发生的事情。任哈拉达者一般均铁面无私，他对该哈拉的事务绝对负责，他们只怕本哈拉出现不良现象，故对坏人坏事惩罚很严。

每个莫昆都有一个莫昆达。莫昆达由本莫昆成员民主选举产生，一般也是德高望重、辈分最高、铁面无私、是非观鲜明的长者，一经选出的莫昆达，有至高无上的权力，本莫昆所有成员都必须服从他的意志。

莫昆达的主要职能是设立莫昆公共墓地，组织莫昆成员祭祀莫昆祖先、

锡伯族古式座钟

锡伯族旧式撣瓶

锡伯族旧式风箱

锡伯族旧屋

锡伯族旧式桦皮屋

修订谱书和莫昆法规，保护莫昆成员的正当利益不受侵犯，扶养鳏寡孤独和老弱病残者，惩罚悖逆之徒。

（2）锡伯族家庭的家规

每个家庭都经莫昆制定出严格的“家规”。其内容包括：敬祖先、睦宗族、维护莫昆内部团结，要求莫昆成员互帮互爱、敬老爱幼，要求培养高尚的社会风尚等。

锡伯族洗衣用的木槌

中华人民共和国成立前，锡伯族的家庭一般都立有家规家法。例如《图克色里氏宗谱》中，作为“世守之则”就写有家规十条，其第二条是：“敬先祖，睦宗族，以为孝悌之本，凡族中子弟有不善者，皆得尽训

锡伯族老炕桌

锡伯族炕琴

锡伯族老式土坯房

诲之责，不可有亲疏之见，而子弟对于族中尊长，均须恭顺，亦不可存亲疏之见。”

（3）锡伯族家庭的家长制

锡伯族的家庭，直到中华人民共和国成立前，仍保持着比较完善的封建家长制。

家庭中一般分辈分：最高的老大为一家之长，俗称“当家的”，主持家务。家庭大小不一，一般不超过三代，多者也有四代、五代同居的。多数是以夫妻关系为基础的小家庭。家长是一家之主，统管对内和对外一切重大事项。家长在中华人民共和国成立前维持着严格的承袭制，家庭在家长统管下又有尊卑、长幼、男女、亲疏之差别。家长的妻子是当然的家务主持者，对伙食、衣着、居住、社交来往等事项都要管理。

中华人民共和国成立后，封建制的族长制及家规家法全废除掉了，但是尊敬父母、尊重长辈等美德，依然保存下来。如在家庭生活中，小辈的要让长辈的住最好的房子，吃好的饭菜等。

现在，锡伯族的家庭一般是以夫妻关系为基础组织起来的小家庭。户主的家长权，如父权、夫权等逐渐削弱，而平等协商、互爱互助的和睦家庭关系已经普遍形成。锡伯族家庭历代重视子女的文化教育，尤其对女孩享受与男孩平等的文化教育机会，现在这一传统更加得以显现。

（4）锡伯族家庭的住居种类

锡伯族早在松花江和嫩江一带生活时，以氏族为单位聚居在一起建起村屯，筑有土墙，也称其为城。以备兵燹，许多城址就是这样建成的。居住的房屋有帐篷，锡伯族历史上多次迁徙途中，多靠帐篷解决临时住的问题。

锡伯族除曾经住过帐篷外，还住过地窨子、窝棚、马架子、平房、砖瓦房，也住楼房。

地窨子，属于穴居房，是下半截入地的简易住宅，多于地势朝阳处挖建，左面右面后面三面下半部或大部为自然土墙壁，前脸有门窗或窗洞，采光虽然不足，但地窨子冬暖夏凉，经济实用。

窝棚，一般房内高度不超过人体，有门、有窗洞、有草铺或简易炕和锅灶，房顶覆草，《伯都讷乡土志》记载：常用“章茅，草可苫房”。

马架子，房形类似马鞍，故名。马架子房在山墙开门户，一般无窗或仅留窗洞便于通风排烟，入门一侧有土炕，炕边有锅灶，起火做炊。

平房，旧式平房框架主要由墙壁、梁柁、柱、檩构成，柁檩间由挂柱连接，檩上钉[illegible]子，椽上覆巴，巴沙，即沙土拌原油，三合土，即黄土、白灰、炉渣代替碱土。20世纪80年代后，新型建材“打防水”技术渐兴，城镇居民房抹碱土者渐少，现已绝迹，农村民用平房仍有用碱土抹顶。新式平房房门多改单开式，户枢改为合页，窗户多改为立开式，流行透亮玻璃窗。

锡伯族木椅

锡伯族的居住特点是依山傍水，向阳和庭院式。盖房的间数，主要视经济条件而定。一般为3间，也有盖5间或7间的。然后根据房间的多少，套成围墙，有用土夯成的，也有用石头砌成的，前院成方形放置车辆牲口厩，也有种菜、栽花种草花园，后院通常比前院短，多种植果树等。也有盖成四合院的，设有东西厢房和门房，还有两套院的。两套院一正房是7间，十分气派。锡伯族人家居室迎客多在西间，以西为尊贵，待客就餐，长条桌摆放于火炕之上。

锡伯族对室内的间壁很讲究，不论3间或5间，均以西为大。锡伯族认为西北方是本民族圣灵居住之所在，锡伯人死后灵魂聚于西北方向，是始祖的宇宙降临人间的方位，他们自古就崇尚西北方，将祖宗、喜利妈妈供于西屋西北角上方。举行祭祀时，族人齐集一堂。中间堂屋则是厨房。日常由家庭中的长辈居住在西屋。久而久之，约定俗成。由于人口多、住房紧张，也有住对面炕的。炕面铺苇席或秸席，窗上糊纸，并多喜用彩纸剪贴窗花，图案以蝴蝶、狗、猫、小鸟等为多。居室中的西北角是最为洁净尊贵的地方，平时打扫干净，不能堆放杂物。

楼房，进入20世纪80年代以后，楼房住宅渐兴，锡伯族人不断开始入住，地方上多以系统、部门为单位，修建职工住宅楼，住宅楼内部装饰多以居住者喜好自己装修。

20世纪90年代以后，出现商品住宅楼，并逐渐取代福利住宅楼。随后，楼宇连体开发，多建为住宅小区。随着社会主义市场经济秩序的建立，福利性分房已被私有购房取代，人们追求的目光逐渐转移到自费购买多居室、大客厅、宽阳台的楼宅上来，并且多以居室装修的样式与质量来显示富裕程度。居住环境也正在向花园化、舒适化方向发展。

砖瓦房，由于社会主义经济程度在城乡之间发育的不平衡性，吉林省居住在农村的锡伯族主要的还不是建盖楼房，而是如何加大力度，将平房首先实行砖瓦化。经过不懈的努力，很多锡伯人告别了泥草房，住进了宽敞明亮的砖瓦房。院落居室格局也发生了变化，多数人家屋内设有客厅和餐厅。对面炕渐少，锅灶也多由中屋移居后厦，但居室西北角保持洁净至尊的习惯依然存在，这与锡伯族人崇尚西北方位习俗有关。

从2008年开始，党和政府为了加速社会主义新农村建设，实行泥草房改造补助政策，到2015年，仅扶余县三骏满族蒙古族锡伯族乡西达户锡伯族村已有20户得到补助盖起了砖瓦房，取代了原有的泥草房。20户中，建有室内卫生间的有16家，安装太阳能热水器的有10家，在修建新房时，村里的木工、瓦工会组成互助建筑工程队，进行施工。

起房脊唱的号子词

村中盖新房时，要用阴阳鱼放到中间，用铜线编成花锁，用红绸子包上。起梁时，把鲫鱼放到四个房角，再把五谷粮（高粱、玉米、谷子、黄豆、绿豆）合到一起。其谐音“鲫鱼”即“脊”，“五谷粮”即“梁”合起来便为“脊梁”。

盖房起房脊梁时，要有人喊号子。号子词意大致是：“脊梁好似一条龙，忽忽悠悠往上行。行到空中停一停，等到东家来披红。披红披到龙的头，祖祖辈辈出王侯。披红披到龙的腰，子子孙孙出英豪。披红披到龙的尾，明如镜来清如水。”

2. 交通

自古以来，锡伯族经历了渔猎、畜牧、农耕等多种生产方式，曾经使用过多种交通运输工具，主要有滑雪板、爬犁、马、驼、勒勒车、牛车、船、机动车等。

（1）滑雪板

滑雪板是北方少数民族通用的一种交通工具，专门在严寒的冬季使用。锡伯族人在大兴安岭狩猎时就曾经使用过滑雪板。当时由于在山林中狩猎，雪厚、山高、林密、路远，其他交通工具一般都不适用，只有灵便的滑雪板可以大显身手，速度既快，又方便自如，成为锡伯族人冬季常用的交通工具。

（2）爬犁

爬犁又称雪橇，也是锡伯族冬季使用的一种交通工具。爬犁用木板木方打制，以马为牵引工具，在雪上冰上穿行十分适宜。锡伯族在遇有重物运输时，使用爬犁作为交通工具。

（3）马匹

马在相当长的历史阶段中成为锡伯族主要的交通工具。马经过训练后，成为四季通用的便利交通工具。冬季，锡伯族人狩猎时，除用滑雪板外，也经常使用马匹。锡伯族留传下来一首打猎歌，歌词中有这样的记载：“雪花飘飘如蝶飞，驰骋骏马共撒围，踏遍一山又一山，满载猎物凯歌归。”这里提到的骏马就是驮载猎品的交通工具。

锡伯族马匹

锡伯族老式牛车

锡伯族老式木轮车

海尔堪玛法

锡伯族传统民俗中，要在马中选一匹良马作为祖宗的坐骑，称作马神，锡伯语为“海尔堪玛法”，其神位供在住房西部房檐下，挖一个长方形洞，供板上供马神，说明马在锡伯族生产生活中的重视程度。

（4）驼

驼是一种耐旱的动物，驼既可以乘骑，又可以运输，还可以拉车。每峰驼可载重150公斤，一天行程40公里。明代，黑龙江蒙古地区的驼运很盛行，依附于科尔沁蒙古的锡伯族也学会使用驼运。清初，清政府将锡伯族从科尔沁蒙古转归到满洲八旗后，锡伯族仍旧把驼运作为一种交通工具。清康熙三十八年（1699），清政府决定将齐齐哈尔一带的锡伯族迁移到盛京等地，齐齐哈尔城副都统喀特呼特将有关情况向黑龙江将军萨布素做了汇报，其中写道：肯济客依等12牛录，请于明年迁移，此二队迁移之锡伯丁、家口、户、马、牛、驼之数，分造二册，交佐领乌尔图纳斯图赉送。这条汇报中明确提到锡伯族南迁时使用的交通工具中就有驼。

（5）船

锡伯族过去生息的地域多有江河漂流，船只就成为锡伯族使用的一种交通工具。起初，锡伯族使用的多是小船，有桦皮做的，也有木制的。以船代

锡伯族渔船

步，驾船运输。到了清代部分锡伯族为清廷出“鳇鱼差”，为了能捕获几百斤上千斤的鳇鱼，锡伯族学会了使用较大规模的船，除了驾船捕鱼，还行运输。

清康熙年间，当时锡伯人使用了较大型的舟船，运粮支援清军发起的抗击沙俄入侵之战。

锡伯族人所在的伯都讷地方，三面临水，人们从南、西、北出行均需渡江，船舶成为必需乘坐的交通工具，过境松花江、第二松花江和拉林河内河航道，每年航期210天左右，每至航期，江面上帆起樯移，水运工具多为木制船舶，多数为货运船只，如大船、小船、牛船、“威呼”等，客运代步的多为人力小船，在沿江河各渡口从事横渡摆渡。顺江客运旧时只有木帆小船，上行至吉林，下行至哈尔滨，或转入嫩江上行至齐齐哈尔等地。

20世纪50年代初，置横渡机动船，俗称“汽船”，往来于扶余和前郭码头，以客运为主。

20世纪50年代以来，松花江航线一直有哈尔滨至肇源班船，境内有二龙泡渡口（伊家店农场境内）、下贷吉码头（长春岭镇境内）、达户渡口（四马架乡境内）、六家子码头（朝阳乡境内），直水路下行或上行旅客就便在这些码头、渡口上下船。

以上这些江河航线和码头、渡口，就一直为锡伯族人客运、货运提供着往来之便。

（6）车

锡伯族历史上使用过勒勒车，还使用牛车、马车等。明清时期，锡伯族的交通工具是勒勒车，据说这种车“轮不求甚圆，辕不求甚直”，全用木制的车，是达斡尔族的创造，逐渐传播至锡伯族之中使用。勒勒车车轮较高，适于在草地、雪地、泥地远行，轻便实用，俗称“草上飞”。锡伯族使用勒勒车，运送各种货物，由于制造容易，装卸省力，驾驭方便，深受欢迎。

生活在郭尔罗斯前旗、郭尔罗斯后旗（今肇源县）的锡伯族常使用牛车或马车做交通工具，生活在这里的锡伯族在清代为清政府出“鳇鱼差”，每年上贡给清朝内务府的鳇鱼，就是用马车运载。平时还使用牛车拉运各种货物，牛车速度虽然不快，但经济实用。

汽车作为长途客运工具，在伯都讷地区始于1917年，“飞龙长途汽车

锡伯族家用摩托

锡伯族家用自行车

行”开创机械动力客运的历史，锡伯族人出行方式有汽车代步。

中华人民共和国成立以后，锡伯族分布地带的交通发展迅速，随着科技的进步和时代的变迁，出现了很多新型交通运输工具，胶轮车、四轮拖拉机、三轮车、汽车、摩托车逐步推广使用。

随着改革开放的深入进展，锡伯族的交通越来越便捷，公共交通设施逐渐更新完善，通过公路、铁路、汽车、火车、航空、航运，锡伯族人同其他民族、其他地域建立了越来越广泛的联系，锡伯族人步入了交通运输现代化的新时代。

1986年至2014年吉林省锡伯族聚居的锡伯屯村和西达户村的交通运输业也得到了发展。

三、婚寿与丧葬

1. 婚姻

锡伯族历史上在不同时期和不同地区缔结婚姻有抢婚、明媒正娶、离婚与再婚等方式。

（1）族内婚与族外婚

婚姻对于锡伯族人生息繁衍是一件重要的事情，历来受到重视。锡伯族的风俗，直到清朝末年以前是以族内婚为主，并遵循着同姓不婚的古老习惯。清初，锡伯族依满族例，禁止与汉族人结亲，到清末，锡伯族与其他民族通婚者较为普遍。锡伯族与蒙古族通婚者较多，与汉族通婚者较少。近年来，锡伯族与汉族通婚者渐多。以锡伯屯为例，1958年，该地锡伯族与汉族通婚者2例，锡伯族与蒙古族通婚者30例；1985年则分别为12例和43例。

和谐无间

随着改革开放的不断深入，锡伯屯锡伯族人与外民族人通婚的数量发生了变化。在很长的历史时期内，锡伯族人一直与蒙古族人通婚较多，与汉族人通婚较少，到1995年以后，出现了锡伯族人与汉族人通婚较多，与蒙古族人通婚较少的现象。

（2）抢婚

这是锡伯族缔结婚姻的一种古老方式。根据年代不同等原因，又有象征性抢婚、半硬性抢婚和硬性抢婚等不同方式。抢婚常常是发生在下列某种情况：女方曾与男方相爱，之后女方又有新的恋人，或者是一位姑娘被几个男青年同时求爱，都想娶这个姑娘为妻子。其中某个男青年为了捷足先登，便邀请至亲好友帮助，采取提前抢亲；有的在姑娘被抢走途中，又被另一伙抢亲的帮伙拦劫，趁机抢走。

有的男青年一直没有姑娘与他相爱，由于年龄较大，便请族中亲属帮自己抢婚。但事先必须调查清楚女方必须是没有相爱的人，年龄也要相仿。抢亲的方式是先礼后兵，抢亲前必须通知女方前去抢亲，在抢亲队伍出发时（黄昏时分），先派出先锋3人去通知女方，之后就在女方门外监察女家动静，采取应急措施。抢亲的男青年如能抱着姑娘放置在马背上，姑娘身体任何部位都没有沾地，2人共乘一匹马回来，这便是抢亲的胜利。因为姑娘感到，小伙子在重重包围之中，在自己奋力抗拒下，竟能将自己抢回来，因而产生了敬佩爱慕之情，认为此人强悍有力，智勇双全，是锡伯族青年中的能手、英雄，所以也就不再挣扎喊叫了。此时女方家长听不到女儿的叫声，知道女儿已经默许，也就不再追赶了。女方被抢到男家，征得女方同意，便立即举行婚礼，招待亲友，接着男方请人到女方家提亲，经过讨价还价之后，男方将聘金财礼送给女方家中，婚事便告结束。

（3）明媒正娶婚

明媒正娶。锡伯族的婚姻一般分为两个阶段完成：定亲和迎亲。定亲又分为说亲、定亲；定亲又有指腹定亲和普通定亲两种。

喜结良缘

指腹定亲一般是亲戚或好友之间，给未出世的孩子订下婚事。

说亲（也叫“提亲”）是指普通定亲而言。当儿子长到15岁左右时，其父母或近亲朋友开始在本村或外村中物色年纪相当，品貌皆佳的姑娘。而后，男方请媒人向女方家里提亲，介绍男方家庭成员、男方本人及家庭经济情况等。双方家长认为可以就定下亲事。民国以后受新思想的影响，逐渐允许本人相亲，即双方家长同意后，男方家长就带领男青年去相看姑娘，姑娘在屋里在母亲或婶母、嫂嫂带领下，与男方来人见面。这种“一面之缘”，就叫作“对相对看”或“对面

锡伯族婚俗

相看”。相看完了，双方父母征求子女意见后决定是否定下亲事，认为可行，便准备定亲了。

定亲先是经媒人转达女方索要的彩礼。早期彩礼多是用牛、马、羊、猪等牲畜，以牲畜数量的多少，作为确定婚姻等级的标准。有时将议定的牲畜头数折价计算。彩礼因人而异，要看男女两家的财产、地位及双方子女的相貌、本领而定。有的贫穷人家彩礼可以讲清分期付给，有的甚至到儿女都长大了还没付清彩礼。男家把彩礼送给女家叫“过礼”。“过礼”之后，男女双方父母商量定亲的日期，由男方准备酒席，宴请媒人、女方父亲及其亲族长者，并由男方族中长者及姑父母陪宴。从此双方正式成为亲家，然后选择良辰吉日结婚。但在迎亲之前，女方要向婆家要一口猪，名为“开锁猪”，猪不给，姑娘是不能给人家的。猪要黑的，供在喜利妈妈前，猪腿朝外，并供两盘红糖、水饺，燃香，3杯酒后，为喜利妈妈“领牲”，即将酒用火点燃烧热后，倒入猪耳内，猪叫，就算“领牲”了。这时将喜利妈妈上的红布条摘下(表示姑娘出嫁)。大家道喜，祝婚后吉利，白头到老。这时迎亲举行婚礼的条件才算完全具备了。婚礼前，女方家长要请位“送亲婆”，陪伴新娘去婆家，在礼仪上随时随地给新娘以指点，结婚这天，新郎要带着车马和娶亲的亲友到女家去娶亲。新娘叔父或哥哥将新娘抱上喜车启行，沿途鸣放鞭炮，途中遇有水井，帮忙人用红毡遮盖新娘坐的小车子，以示吉祥如意。

新娘坐的喜车到男方家大门口时，门正中间放一张桌子，桌子上摆上干鲜果碟4个，内盛有红白坚果等下酒菜，桌子中央放有斟满白酒的大碗3个，男方的执事人向送亲的说几句迎亲话之后，便请来送亲的新亲喝酒，名叫“迎风酒”，也叫“洗尘酒”。女方送亲人酒量大的代表，便跨步前来，连饮3大碗，这是双方最高兴的事。围观的迎亲者拍肩祝贺，频频竖起大拇指，啧啧称赞。男方也要有人陪酒，如不能立饮3大碗，也要付出一定财物给新娘，作为致歉之意。然后搬走桌子，喜车进入院内。蒙着盖头的新娘，由送亲婆扶下车，脚踏红毡，随着新娘的脚步移动，不断将红毡向前挪动，直到供的天地码子桌前。桌上有供品，燃香烛，新郎新娘行拜，一拜天地，二拜父母，最后夫妻对拜，旁边有司仪人赞礼，然后新娘到新房坐帐。当送亲婆

换盅交杯酒

搀扶新娘步入新房时，由送亲的两个小姑娘各持保平壶一把，中间拉一红绳，由房门扯到里屋，使新娘不得入。此时，新娘将两保平壶接入手中，入门上炕将壶放在窗台上，意思是永葆夫妇平安，永葆健康多子。当新娘刚入新房时，新郎先隐在门后，举马鞭向新娘后背抽去（象征性的），这叫“刹威”，意思是女的要服从，去掉威风；接着是新娘进入洞房去“坐帐”。

新娘倒合欢酒

锡伯族新娘

当娘家客走后，新娘换上新衣服下地，才能自由活动。新娘下地时，先拜公婆、姑舅、兄嫂，点烟行礼。傍晚，开始家宴，新郎新娘和全家人及直系亲属以及出嫁的姑娘们围坐一席，共进晚餐。

晚上“换盅”和“抢肘子”与闹洞房，是婚礼仪式中的高潮。新婚洞房之夜，在炕上摆上桌子，置白酒两杯，用红绳拴在酒杯底下，一头拴一个，桌上摆猪肘子一个，馒头若干。新郎先把自己面前的酒盅送到新娘面前，新娘则把自己面前的酒盅送到新郎面前，夫妻双双举杯对饮，饮毕，礼成。这时闹洞房的人争先恐后动手抢桌上的肘子、馒头，抢着的就往外跑，未抢着的就在后面追夺，争抢追逐取乐。

第二天早晨分大小辈，按家族、亲戚长幼与新妇见面，一一介绍分出长幼尊卑的辈数，先本家，后近支家，对长辈要给“装烟”、点烟，行叩拜礼，以示尊敬。

第三天，新婚夫妇在父亲率领下，上坟地祭祖。第九天，新婚夫妇去娘家省亲，看望双亲及兄嫂等，表示婚后美好，叫“回九”。满月后，新妇回娘家住“对月”。中华人民共和国成立以后，党和政府倡导移风易俗，锡伯族的婚礼渐趋简化之势。

20世纪70年代，受周边兄弟民族婚庆习俗的影响，锡伯族婚礼中融进了很多大众化的时尚习俗。准备婚礼需要“四大件”：自行车、手表、缝纫机、收音机。

20世纪80年代，婚庆需求的“四大件”逐渐改变为彩电、冰箱、洗衣机、电风扇。

20世纪90年代以后，婚礼用品已超出“四大件”，因个人喜好不同，要求各异，随心所欲购置，但住房、家电、首饰、服装等必不能少。接亲改为汽车迎送后，车辆渐多，追求开路车、录像车、花车、送亲系列车队的豪华婚庆规模。婚庆仪式要有司仪、乐队、歌手，婚宴多选在大饭店、大酒店举行，参加婚庆的亲朋好友的贺礼也渐渐由纪念品、生活用品转为现金，并以礼金数目的多少来衡量彼此关系程度的远近亲疏。

（4）跨国婚

近年来，随着改革开放的日益深入，不少锡伯族同胞旅居海外，仅吉林省长春市就有39名锡伯族学子留学旅居在美国、加拿大、俄罗斯、澳大利亚等13个国家，并在澳大利亚的墨尔本、加拿大的蒙特利尔形成了以锡伯族人较聚居的地点，出现了锡伯族的涉外婚姻。

（5）离婚与再婚

在婚姻观念中，锡伯族人认为姑娘出嫁后被丈夫“休掉”送回娘家，这对父母和本人都是极大的耻辱，在社会上也要受到谴责。一旦夫妻不和睦，亲友们极力从中说和调解，避免家庭破裂，经反复调解，夫妻没有和解的余地时才离婚。由于当时妇女的社会地位较低，当家庭不和睦，夫妻感情破裂时，妇女无权提出离婚要求，而丈夫可以随意提出“休妻”。离婚后，丈夫将负担女方一定时期的生活费用。以后各自另行择偶，互不相干。

再婚时的婚礼，如果有一方未婚，其结婚程序与一般成婚无差异；如果双方都是二婚者，婚礼仪式从简，只宴请一些近亲好友祝贺成亲之事。

2. 寿诞

历久经年，岁月沧桑，吉林省的锡伯族人始终把祝寿、过生日作为一件人生大事来办。因经济条件不同，穷者祝寿过得简易些，富者祝寿办得隆重些。

锡伯族人祝寿，一般分为两种，一是年年生日祝寿；二是整辰之年祝寿。整辰如50岁、60岁、70岁、80岁等。

中华人民共和国成立以来，锡伯族人祝寿的规模都比较小，一般只在家庭、至亲好友中举行祝寿活动，富贵之家另当别论。祝寿者家中墙上贴有大寿字，寿者年纪大又被称为寿星，端坐于正位，祝者则围周而坐，年少之辈要给寿星叩头贺寿。儿孙、至亲好友要给寿星送寿面、寿桃等物。文士之家多送字画或寿幛以显才华风采。祝寿主食多为面条，谓之长寿面。

改革开放以后，特别是20世纪90年代以来，随着人民生活水平的提高，锡伯人的祝寿活动也发生了变化。家庭成员祝寿一般都以生日蛋糕代替传统的寿桃寿面，有的要在蛋糕上插数目不等寿烛，寿者吹灭寿烛时，众祝寿者要齐声拍手唱生日快乐歌，增添祝寿气氛。分切蛋糕，每人应得一小份儿，以沾寿星之福气。祝寿活动中，不再行叩首礼，而以依序向寿星敬酒祝福为乐。多数人家为长辈祝寿已由家中摆宴改在饭店、酒店举行，且不只是一二桌。祝寿排场也越来越讲究，延请司仪，聘选歌手，施放喜乐，依序助兴。参加寿礼的亲朋好友要随寿礼，多为现金，以尽祝寿者的体面。

3. 殡葬

人有生就有死，人死如灯灭，千古皆然。锡伯族人在病危时，要想尽一切办法通知在外地的亲人、外地的亲属，无论有什么要事，都要从速赶回家中，把与临终前的亲人见上最后一面当成一种重要的孝情。

每一家族，均有固定坟地。长辈病危时，儿女及家中其他人，都要在老人面前侍候。老人咽气时，能在老人跟前的儿女，亲眼看到咽气，叫“送终”。锡伯族老者不能死在炕上，咽气前要抬到屋地中央临时搭的床上，由儿子把寿衣给老人穿好。穿的寿鞋，最好是女儿亲手做的。

咽气时，要给死者剃头、洗脸、剪指甲，口含铜钱，手也拿钱，立即将门打开，意思是放老人的灵魂出去。停放时头朝西北，脚前放丧盆一个，供烧纸用。头部前方放长明灯一盏，小米饭一碗，叫“倒头饭”，内插3只夹着棉花球的秫秸节，叫“开眼光”棉球，使死者瞑目，起灵时由房前扔到房后。尸体停放日期，一般为2至3日，名叫“小殓”。富有人家，这时请喇嘛诵经，一般由7名喇嘛组成，每日晨、午、晚诵经3次。诵经前先请吹打弹奏各种乐器，祝福死者升入天堂。同时还要请来“吹鼓手”，在门前吹奏乐器，年老病死者则多奏欢快乐曲，因这种丧事称“喜丧”。年不满60者则奏哀婉之曲。

小殓后就选择吉日“大殓”。锡伯族的殡葬，主要方式是土葬，其墓葬为土坑内放木棺，尸体仰身直肢、头向西北、平放入棺，然后将棺葬入坑中，填土为坟。锡伯族人安葬时，村中族人及亲属帮葬，抬棺出殡，拿锹镐到坟

墓地祭奠

地，将棺安放到挖好的土坑中。安葬时，长子将“灵头幡”放在棺盖上面，并亲手埋第一锹土，接着帮葬人动手将棺柩埋入坑中，上面凸起一个坟堆。死者葬后“一七”晚间时，死者的子媳们要在外边的烟囱下上供烧纸哭着吊祭，供品是红糖馅煮饺。意思是死者葬后7天回来望乡，看望家中老小，名曰“上望”。

“上望”后饺子拿回来，儿子和媳妇们抢着吃，说这样吉利。但女儿无论出嫁与否均不许吃。葬后“五七”，由结婚的女儿扎5盆花上坟前烧掉，意思是盼望死者乘坐5朵莲花飞入西方极乐世界；这天又是女儿满孝期，到坟前脱孝之日。儿子、儿媳及未婚女儿则于百天时至坟前脱孝。

改革开放以后，特别是20世纪90年代以来，由于移风易俗，精神文明观念的深入人心，吉林省锡伯族人的殡葬习俗也不断发生着变化，除保留一部分传统的丧仪内容外，又伴随社会风气的流行，开始注入一些新的形式和习俗。

党和政府倡行火葬，在市、县各地建殡仪馆，锡伯族人离世后，辞灵仪式改在告别厅，告别厅内摆放着花圈、挽联、挽幛和鲜花，家亲近邻、生前友好，胸前佩扎素花或手持束花，绕遗体瞻仰遗容、行礼、告别。在哀乐声中向死者表示深深的悼念之情，死者遗体火化后，骨灰装匣，多存放于殡仪馆。

葬仪结束后，锡伯族人无论穷富，都要张罗置办酒宴之席，多选在饭店酒家举行，作为对参加葬仪者的答谢。

据1990年第四次人口普查，吉林省锡伯族全年死亡者为20人，其中男人13人，女7人。

据2000年第五次人口普查，吉林省锡伯族全年死亡者为12人，其中男7人，女5人。

锡伯族死亡人数的递减，说明锡伯族人健康情况日益增强，锡伯族死亡人数中男性多于女性，显示锡伯族女性寿命在延长。

四、节日与喜庆

1. 节日

吉林省锡伯族的节庆活动很多，主要有：

(1)“四·一八”西迁节

乾隆二十九年（1764）农历四月十八日，西迁的官兵及家属与送行的父老兄弟姐妹亲戚朋友聚会沈阳市北市场太平寺“锡伯家庙”，共进了离别餐，共饮了离别酒，为西迁的同胞饯行。从此，每年农历四月十八日，锡伯村屯和牛录的人们都要在寺庙内搭炉灶、杀猪、宰羊、吃高粱米饭，来纪念锡伯族的西迁，畅叙先人保卫祖国边疆的业绩，缅怀离别的骨肉同胞。因此，这一天就成了锡伯族的传统纪念日。

西迁纪念

节日放歌

中华人民共和国成立以后，民族政策得到广泛的宣传和落实，党和政府很重视锡伯族这个纪念日。率先在新疆把“四·一八”西迁纪念日升级为“四·一八”西迁节，后又把“四·一八”西迁节列入国家非物质遗产名录之中。逐渐形成了一个全国各地锡伯族的重要民族节日。吉林省锡伯族是在1983年首次举办“四·一八”西迁节，到2015年据不完全统计，吉林省锡伯族已经欢度了14次“四·一八”西迁节。

（2）春节

春节是举国同庆的最重要节日，锡伯族也不例外，每到节日前夕，不管远近都要回到家中，合家团聚。锡伯族称春节为“阿木巴阿聂”，即大年之意。锡伯族过大年前，先要过小年。所谓小年就是春节前农历腊月二十三。小年这天，白天清扫室内外卫生，贴窗花，办年货，张贴春联，在门上贴锡伯瑞兽和春联。锡伯族禁忌将“福”字倒贴，认为“福”字是“喜利妈妈”的形象。此时，锡伯族男人们捕鱼、逮鸡、杀猪、宰羊，忙得不亦乐乎。之

载歌载舞

欢聚一堂

后，摆上供品祭祀祖先。有的人家还要到祖坟上清扫积雪。晚间最重要的是送灶王爷。用高粱秸制成小瑞兽，取下灶王爷爷和灶王奶奶画像，将融化的糖水抹在他们的嘴上，让瑞兽拉着纸做的车子放上灶王爷爷灶王奶奶画像一起焚烧，企盼他们乘着瑞兽车抢个好时辰升天。同时，全家人一起跪下磕头，祈愿新的一年五谷丰登、丰衣足食、平安健康。吉林省锡伯族每年农历除夕前，家里都要杀猪宰羊、撒网捕鱼，赶做各种年食、年菜。家家户户都要供奉“喜利妈妈”。“喜利妈妈”是保佑全家平安、人财兴旺的女神，把“喜利妈妈”从西北墙角扯挂到东南墙角，一直要挂到农历二月初二日，才将“喜利妈妈”取下，归回原位。

(3)“抹黑节”

农历正月十六，是锡伯族的“抹黑节”。一大早，年轻人就准备好随身带的锅底灰拌油做成的黑灰，对长辈和老人先问好，然后走到长辈前面跪下，以示尊重。跪下来之后，把准备好的黑灰象征性地轻轻往对方脸上抹一点。家中的其他年轻人，不论男女，争先恐后相互涂抹，没有例外。锡伯族人的“抹黑节”是锡伯族从事农业以后出现的节日。相传锡伯族人种的庄稼常得黑穗病，为了保障收成，锡伯族人把庄稼黑穗的黑灰涂抹到自己的脸上，替代天神来惩罚自己，求得天神的原谅，让天神不让锡伯族人的庄稼得病害。久而久之，就形成了锡伯民族的这一节日。

（4）“玉足节”

“玉足节”，锡伯语称“赛堪伯特克节”，是吉林省锡伯族人通过挖掘锡伯族历史资料而倡议欢度这一节日的。

2009年9月5日（农历七月十七日），吉林省民俗学会锡伯族文化专业委员会在长春市天鹅湖宾馆举行了首届中国长春锡伯族玉足节。

节前9月4日《长春晚报》刊发记者陈天关于首届长春锡伯族玉足节的消息，标题为：脚丫漂亮能拿奖，5日在长春市举行锡伯族玉足节民俗节庆活动。发布“锡伯族玉足节”节庆活动的消息之后，社会各界反响强烈，一些市民纷纷打来电话询问首届中国长春锡伯族“玉足美女”报名参选事宜。由于“首届中国长春锡伯族玉足节”仅局限于本民族内部评选，谢绝了社会其他民族的报名参选者。由此可见，锡伯族玉足文化有其广阔市场前景。

这次“玉足美女”评比大赛有参赛者22名，经过专家评委和大众评委公

喜庆祝福

锡伯族浴足节

开、公正、公平的选拔记分，评出了“玉足美女”冠、亚、季军各1名及最佳人气奖1名。本届锡伯族“玉足美女”大赛组委会向获奖者颁发了奖杯。

2009年9月6日，《长春晚报》又刊发了记者陈天对首届中国长春锡伯族玉足节的新闻采访报道。

2. 喜庆活动

喜庆，对锡伯族人来说，是人生中不可离若的民俗事象。自古以来，无论是豪门贵贾，还是平民百姓，喜庆之举皆未能免替，且世代相沿。

中华人民共和国成立以后，吉林省锡伯族人喜庆活动大体不外有生育、祝寿、婚庆、升职、晋功、建宅等。限于当时的经济能力，各种喜庆活动，一般只在家庭、挚友中举行，规模不大。如生育喜庆，锡伯族幼儿满月之前，亲人须携礼物“下奶”，礼物主要是鸡蛋、小米、鱼肉、红糖等。婴孩百日称为“过百岁”，一般要宴请亲朋挚友，被请者送贺礼，礼物通常多为玩具、衣物、婴儿食品、糖果等。

改革开放以后，特别是20世纪90年代以来，随着社会经济的快速发展，人民生活日益富裕，锡伯族喜庆活动的范畴不断得以拓延，如建房上梁、入居乔迁、参军、升学、开业、结婚周年、银婚纪念日、金婚纪念日等，均有喜庆活动，各种各类的喜庆宴会，规模越来越大，令人应接不暇，参加喜庆活动者随祝贺礼物也渐被一定数额的礼金所取代，而礼金数额也呈渐升之势。

五、礼仪与禁忌

1. 礼仪

锡伯族的礼仪主要有见面礼、待客礼、打千礼、下跪磕头礼、装烟礼、饮酒礼、酹酒礼、祝愿礼、撒袋礼等。吉林省锡伯族在历史上不但是尚武的少数民族，同时也是一个注重礼仪的少数民族。

锡伯族人在街上或乘车时遇到熟人，要相互打招呼、握手、问候。锡伯族人十分重视待客，有客必待，不分亲疏远近，只要迈进家门，都要盛情招待。客人走时，主人全家要出门欢送，直到客人走远起身回屋，并要向客人挥手致意。对于万里之遥的锡伯族回乡寻亲，接待礼仪更为隆重。打千礼是锡伯族在日常生活中经常行的一种礼节，平时晚辈见长辈行此礼，儿女久别后见到父母要行此礼，此外，老人之间也行此礼，所不同的是，在一方向对方打千时，对方也同时打千，而年轻人向长辈打千时，长辈只是吭一声对

打千的形式

打千时左腿前跨半步，双膝、双手扶左膝盖。对方还礼也是这样行礼，两人肩并肩，然后同时起立。因男子背带箭，这样行礼方便，故而形成。女子请安“打千”与男子不同，是双手向前相并，扶着膝盖将上身向下一蹲。这种打千礼也叫“曲膝礼”，是锡伯族社交活动中常见的礼仪。

锡伯族人

答。锡伯族的打千礼只限于本民族内使用。男性长辈向同辈妇女行此礼时，对方也须做出打千的样式对答。

锡伯族下跪具有礼节上的意义，除为神佛祷告下跪和为长辈下跪请罪外，在婚丧仪式上多行此礼。过去锡伯族人相互见面拜访时，宾主一方要向对方装上自己烟匣或烟口袋中的烟叶，放到烟锅里，点燃后递给客人，有小辈向晚辈装烟的，也有同辈人之间相互装烟的。装烟礼是表示热情和尊敬。

锡伯族人的饮酒礼，是一种常见的礼节。当亲朋贵友相逢聚餐，主持者首先要第一个站起来向大家敬酒，成为不成文的习惯。主人敬客上酒，以三为吉数，所以一般都是敬三杯酒，对实在不能饮酒者，可允许以茶代酒，以水代酒。

锡伯族人在祭祀亡者、敬祖时常行酹酒礼，将未曾喝过的酒洒在地上，以示敬意。

在锡伯族民间，无论是平民百姓还是官员学者，都以能得到祝愿为荣。对孩童，往往祝愿能长成胖小子或俊丫头；对学子，往往祝愿他高考顺利；对高龄者，往往祝愿他健康长寿；对新婚者，往往祝愿他生儿育女。

锡伯族在社会上和家庭中，严格保持着敬重长辈的习惯，世代相沿。在社会上，凡有重大事情，要邀请老人出面，听取他们的意见，再做出决断。在生产中，遇有难解的技术问题，人们总是虚心请教长辈人给予指点。在家庭中，长辈人更是受到很多优待，锡伯族住房多要给长辈人安排在窗口明亮的南炕头坐卧睡眠，起床后，晚辈要给长辈端水洗漱，吃饭要给长辈人先盛。和老年人说话，青年人要离开座位，站在老人前面敬听，非自己回话之时，不能随便插话。青年人不能直呼长辈姓名。没有成婚的青年人不能和父母长辈共坐饮酒。对长者不敬和对父母不孝，要受到公众的批评。客人站在主人的门槛上是对该家长者的极不尊重。吃饭时，用小刀切肉，递给对方时，要把刀尖朝向自己，刀把向对方。每上一道菜，长者不伸筷，他人不能先吃，儿子、媳妇要侍立饭桌之前，照顾老年人用餐。吃完饭时，必须等长者放下筷子离桌，其他人才能散去。弟媳特别尊重夫兄，不能与其一起聊天和在其面前坐卧。

改革开放以后，尤其是20世纪90年代以来，党和政府积极推进社会主义精神文明建设，在社会新风尚的引领下，锡伯族根深蒂固的伦理观念也在发生着变化。吃饭时不分辈分可以同桌，老年人仍然坐正位，在一些家庭中，年轻人的社会地位呈增强趋势，长辈人的主导权威性渐处于弱化。

2. 禁忌

禁忌是民族历史进程中的衍生产物，它束缚着民族心理意识，影响着社会生产生活。

锡伯族旧式烟匣

锡伯族女用旧式梳妆台

锡伯族人在日常生活中有很多的忌讳之事，现将主要的禁忌事项记述如下。

据《前郭尔罗斯锡伯族浅析》记载：前郭尔罗斯的锡伯族人不但忌讳吃狗肉，还忌讳吃马肉，锡伯人家的孩子，从小就接受不吃马肉和狗肉的教育。夜晚睡觉，不得在炕上横卧，不能把褥子、鞋袜等放在高处。不得从衣帽、被、枕等物上跨过，如事出无意，须立即在灯火或火盆上把该物摇晃几下，才算还净。吃饭时不得坐在门槛上或站立行走，严禁用筷子敲打饭桌、饭碗。锡伯人认为只有要饭的才敲打碗筷。公公与儿媳妇不得同桌吃饭。子女在偶数年龄时禁婚，起码有一方是奇数，才能举行婚礼。从正月初一到初五，忌讳屋内的灰土污水倒在外边。从正月初一到十五，妇女不得做针线活。二月初二，禁止在地上劈柴。婴儿顺产后，脐带用苇子割断，忌用金属刃器。婴孩出疹子，其父母及亲属忌抠鼻子、搔脸。忌用棍子打牲畜。出殡忌申日等等。

改革开放以来，各种新思想、新观念逐渐渗透到锡伯族社会生产生活的层层面面，锡伯族一部分传统的禁忌也逐渐丧失了束缚力和影响度。如：剪婴儿脐带开始用金属刃器，不能把裤子、鞋袜放在高处以及子女在偶数岁龄时禁婚等禁忌也已不再具有严格的约束力了。

第五章 多元相交的宗教信仰

一、原始宗教形态

锡伯族萨满教是以“万物有灵”，多神崇拜为其观念基础的原始宗教。

1. 多神崇拜

锡伯族的多神崇拜主要有自然崇拜、动植物崇拜等。

（1）自然崇拜

自然崇拜是原始民族在大自然面前无能为力的表现。原始人赖以生存的是自然，自然的变化和他们的生活有着直接的利害关系，对变化无常的自然现象和自然物无法理解，因而对其产生祈求和崇拜。

锡伯族生息于大兴安岭时，人们第一关心的首推食物，其次是生存的安全。大兴安岭山高林密，虽然可以猎捕充饥的弱小动物很多，但威胁人们生命安全的凶猛野兽如虎豹豺狼也不少；北方地域气候寒冷，也威胁人们的生命安全；另外，人们对众多的自然现象如风暴、雷雨、雾雪、山崩等都存有神秘感，并且无力克服。所有这些，对原始人来说，都觉得在他们周围世界充满了超自然的存在物、神灵和魔力，认为自然力就是神灵，每一种自然现象都有不同的神灵在主宰。天有天神、山有山神、动物有动物神、植物有植物神等等，把仅为人类所具有的能力和可能，广泛地归属于自然力和自然界一切物体，把自己与自然现象和力量

锡伯族土地神崇拜

锡伯族男神海尔堪玛法

锡伯族女神喜利妈妈

混而为一，甚至处在无能为力的地位。这样，万物有灵观念支配下的自然崇拜，自古以来便占据了锡伯族的信仰心理，并逐渐形成了对天地、日月、星辰、山石、林木、凶猛动物等自然物体及各种神灵的崇拜行为和祭祀方式。

天神崇拜

锡伯族认为天有天神，认为人间的祸福、盛衰均由天来决定。锡伯族认为西天为贵，起誓、打赌者均向西天跪磕，要求西天做证，看天兆的人都望西天寻找自己的依据。

星月崇拜

锡伯族认为：月亮是天之母，星辰是母之子，天作为一个子孙满堂的世界，其生活也和人间一样。人们生儿育女，认为都是星辰的化身，故在锡伯族民间称恶人为“恶星”。

锡伯族的祖先，长期游猎于兴安岭的高山密林中。复杂多变的气候和地理条件，使人极易迷失方向。在长期的生活实践中，人们逐步认识掌握了北斗星的运行规律，进山狩猎，夜里就靠它来辨明方向，久而久之，形成了对它的崇拜。

供奉后的喜利妈妈

锡伯族供奉的女神喜利妈妈

天地神崇拜

锡伯族人将天地神供在住房外东南墙上，在墙上掏洞，内供天地神像。初一、十五、逢年过节，上供焚香叩拜。

土地神崇拜

土地神本是保佑农业丰收的神灵，但随着社会分工的越来越细，对神灵界也开始了较细的分工，出现了专营五谷的神灵，土地神成了专营庭院的神灵。这从锡伯族供奉土地神的形式和内容上可见一斑。土地神原来供在田头，后来随着一家一户庭院的形成，它也进入了一家一户的庭院里面。

山神崇拜

锡伯族崇拜的山神一般与土地神一起供立，每当人们进山狩猎或砍柴伐木，都在山口设坛祭山神，祈求保佑。

河神崇拜

锡伯族人相传河神是一位孤独的老人，世代居住在“妹妹河”（嫩江）畔，捕鱼为生，后来为异族军所迫，投江自尽。以后，锡伯族和异族军水战时，他常常显灵帮助锡伯族打胜仗。因此，人们把他当成河神，世代供奉。捕鱼之前，要宰猪，献供河神，祈求河神在捕鱼期间，不要给人们带来灾难。

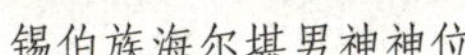

锡伯族海尔堪男神神位

锡伯族祭祖用挂签

柳树崇拜

柳树生命力强，成活率高，萌发性强，又富弹性，锡伯族把柳树和自身的繁衍联系起来，供立了柳树神翁作为保佑降生之神灵。婴儿降生，以柳板制吊床，用柳枝作供木；婴儿夭折，以无结柳枝捆包，弃之野外；老人故去，在墓堆插柳枝，以示故人尽快转世回生，繁衍后代。

石头神崇拜

锡伯族认为，石头有镇兽、驱鬼、拦魔的作用。在渺无人烟的山地路上可见多处石堆。这是长年累月才形成的，无论谁经过此地，都要添上几块石头。后来，石堆成了记方位、地址的一种标志，失去了它的原始寓意。过去，每一哈拉墓地入口处都置有一对巨石，也是石头崇拜的痕迹。路神，一般与土地神一起供立，它是专门为人们引路指向的神灵，故也称引路神。

（2）动植物崇拜

锡伯族古代因居处山林，在其信仰神灵中，动物神灵占很大比重。主要有：虎神、狼神、豹神、野猪神、骆驼神、蟒神、龙神、雕神、鹰神、黄鱼神等。在接触农业文化后，又产生了崇拜谷神、人参等。

龙神

锡伯族萨满副神之一。萨满多在跳神治病或学萨满神术时呼唤，以求其帮助与其他病魔进行搏斗或求其让萨满徒弟通过“关卡”。

雕神

锡伯族萨满副神。每当萨满为人跳神治病或家祭，先唤请它们，以求其帮助战胜病魔。

虎神

锡伯族萨满副神之一。萨满多在跳神治病时呼唤，以求其帮助与病魔进行搏斗。

狼神

锡伯族萨满副神之一。萨满多在跳神治病时呼唤，以求其帮助与其他病魔进行搏斗。

蟒神

锡伯族萨满副神之一，萨满多在跳神治病或学萨满神术时呼唤，以求其帮助与病魔进行搏斗或求其让萨满徒弟通过“关卡”。蟒蛇栖息于山林，因此居山林而猎的民族和它都有缘分。无论是蟒，还是其他蛇类，对人畜的安全都有很大的威胁，人们为了躲避它们，树它们为神，祈求不要加害于生灵。锡伯族对一般的旱蛇和水蛇不避讳，但对洞居的蛇却不惹。认为洞居的蛇也和人一样生活，它们有组织，有蛇王，而且会报复伤害人类。

鱼神

锡伯族的鱼神有自己的形象，是木刻的鱼形象。过去，每年春秋两季出网之前，要举行隆重的祭网（就是祭鱼神）仪式，以祈求保佑渔猎丰收。从鱼神的功能、形象来分析，它们是锡伯族由大兴安岭南迁至嫩江流域，开始大量接触渔猎生产文化以后出现的神灵。

鱼神供桌

2015年7月，《吉林锡伯族》编写组在前郭尔罗斯蒙古族自治县吉拉吐乡锡伯屯村进行调查时，意外地发现了锡伯族人刘宝胜家仓房中还保留着锡伯族祭鱼神时使用过的供桌。

在仓房靠北墙，挪开落满灰尘的杂物，刘宝胜小心地搬出一件木制品，类似于小茶几，有雕花。刘宝胜说，这件东西可有年头了，是他太爷爷自己打的，他老人家是木匠。东西有一米长、三四十厘米宽，扫落上面的灰尘能清晰地看出雕刻的花纹，做工算不上十分精细，但绝不粗糙。刘宝胜说，太爷爷当年亲手打的木家具很多，一辈一辈传下来，现在就剩下这个供桌了。原来这是供桌，供什么呢？刘宝胜说，锡伯族也是游牧民族，以打鱼、打猎为生。打鱼时，他们要先祭拜，类似于现在的祭江。祭江是要摆供品，供品不能随随便便摆在江边草地上，要很虔诚地摆在专属的供桌上。这就是其他家具都毁了为什么供桌能留下来的原因。刘宝胜记得他小时候还随父亲打过鱼、祭过江，用的就是现在这个供桌。这几年虽然不怎么打鱼了，但供桌当作念想就留了下来。

谷神

亦称五谷之神，它是土地神的派出神灵。锡伯族接触农业文化以后，随着社会分工的越来越细，人们按照自己的意志将神界也进行了分工，故从土地神派生出了谷神。

此外，在锡伯族民间，还有对人参的崇拜现象，认为它是人的化身。

2. 祖先崇拜

在锡伯族人的各种崇拜观念中，排列首位的应该说是祖先崇拜。锡伯族过去在西屋西炕上都设有祖宗龛位。祖宗龛位比一般条桌要高且长，其正面是封闭的，绘有各种图案。祖宗龛位上面置有祖宗匣子，祖宗匣子做工精致，绘有图案，因主人经常擦拭而光亮照人。

供奉祖宗，大年三十要供奉点心糖果；初一饺子要先给祖宗享用；春节则要先跪拜祖宗，后拜父母；拜年也是先拜主人家的祖宗，后拜老人。

锡伯族各家供奉的祖先，内容各异，有的锡伯族人家供的祖先盒，盒里放着干饺子；有的供奉的祖先是布人，也装在祖匣内，挂在西北墙角。据一位关姓老人讲，相传他的祖先出征时，不忍别离，但官命难违，就把留在家里的爷爷奶奶或父母等亲人的衣襟扯下来，带在身上，每当想念亲人时，就看看衣襟。后来，就把衣襟做成布人，谁的衣襟就代表谁。逢年过节均要祭拜，以示纪念。这样一代代传下来，布人就成了祖先的象征。也有的锡伯族人家供奉的祖宗，是把用简练的笔法画在两块白布上的人像置于祖宗匣内，供在西屋西墙上的祖宗板上。现在的锡伯族人虽然都住进了新式房屋，习惯上仍将父母的遗像挂在西屋西墙之上。

祖先崇拜发展到后期，其祖先神灵观念渗透到以家族为单位的社会组织细胞内，一个家族经过几代以后，曾祖父或祖父便成为该家族的祖先神，甚至死去的父亲也会成为子女供奉的祖先神。他们的画像悬挂在贵重的供桌前面，每逢佳节或喜庆之日，子孙们便为其烧香磕头、顶礼膜拜，举行祭祀活动，以志怀念。

2015年7月，《吉林锡伯族》编写组到锡伯村考察时，见到了锡伯屯村的妇女主任刘秀云，她是典型的锡伯族人，她的父亲母亲都是锡伯族人。刘秀云说，只从表面看，现在的锡伯族人和汉族人没有太明显的区别，语言、服饰、饮食、住所都没有区别于其他民族的标识。记忆最深的是小时候过年与汉族人有两点不同。首先是祭拜。汉族人过年

锡伯族鸟崇拜图

锡伯族日月星崇拜图

都要赶回家，一是图阖家团圆，二是要回家祭祖。而锡伯族人是遥祭。刘秀云的姐姐，66岁的刘秀英说，年三十下午两三点钟才是锡伯族人祭祖的时间，在家将这些祭品一样一样小心翼翼地拿到村边，一一祭过，然后才能回家吃饭。其次是“接神”。别人家都是半夜十二点前“接神”，而锡伯族人是半夜后才“接神”。吃年夜饭也不像现在这样热闹，因为这顿饭很庄重，所以不能乱坐，一定是长者居首，幼者居尾，长幼有序。煮饺子时，小孩子再着急，也不能乱说话，比如说饺子破了等，一不小心说出来，父亲的大巴掌还没等你反应过来，就扇过来了。

确切地讲，祖先崇拜包含两方面的意义：一是对女祖先的崇拜，二是对男祖先的崇拜，从这个意义上讲，祖先崇拜并不是父系社会才开始的，而是在母系社会后期就已萌生了。这从锡伯族的信仰习俗中就可以找到明确的根据。例如，在锡伯族各个家庭中都供奉女祖先神灵——喜利妈妈。

喜利妈妈，在锡伯族中也有汉译为“子孙妈妈”。“喜利”，系锡伯语“延续”之意，“妈妈”系锡伯语，“老祖母”“娘娘神”之意。“喜利妈妈”的整词含义为，在子孙娘娘的护佑下，子子孙孙才能不断地繁衍生息，一代一代地传下去。

光绪年吉林双城堡锡伯祭祖碑

海尔堪玛法，锡伯族称男祖先的神灵，后来演变为保佑家畜兴旺发达的神灵。过去各家各户都有他的龛位。平常在住屋外西南墙角上钉桩放龛板，龛板上面墙壁上挖一个洞，里面放一木匣子，匣子里存有符书和布做的马首等。举行有关仪式时，把匣子从洞里取出，放龛板上，把符书和布马首展开挂在匣子上面。家主还举行隆重的仪式，把自己最心爱的马献给他，锡伯族称“拴马”，意思是供畜神骑用。献

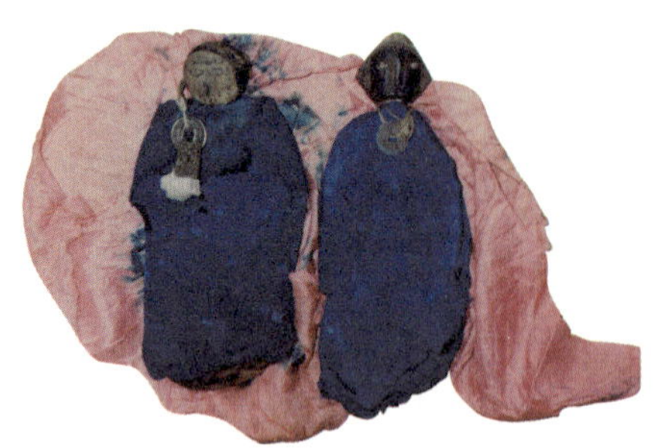

锡伯族祖先男女神偶

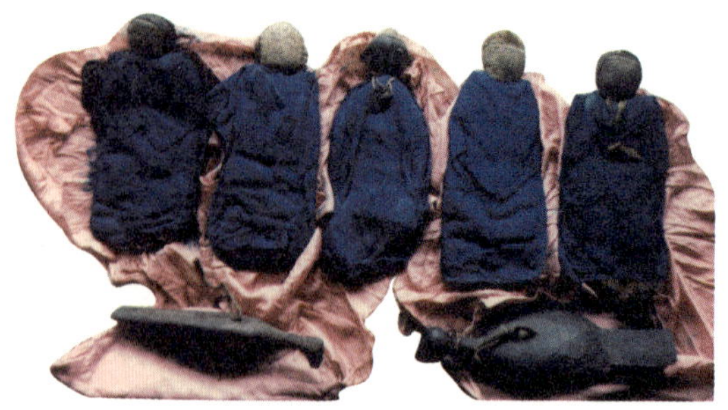

锡伯族祖先神偶

给海尔堪玛法的马，受到特殊优待，如妇女不能骑用，非大事不能使用，尤其是车、犁不能套它。一旦家畜生病，先给海尔堪烧香磕头，求其保佑家畜的生命。锡伯族人敬重祖先、崇拜祖先的心理观念根深蒂固，历久不衰。在供奉的形式和方法上，往往放到最显著的位置，明显超越对其他神灵与宗教偶像崇拜的程度。

锡伯族人以西为大，在住居的西屋，其供奉的女祖先神灵——喜利妈妈，位于西北角西墙上，明显高于西炕柜桌上供摆的各种宗教神像。

在锡伯族人住居的外面墙上，西南角南墙屋檐下供奉的男祖先神灵——海尔堪玛法，其位置远远高于供奉在东南角南墙中上部的天神龛。

中华人民共和国成立以来，历经多次政治运动，吉林省锡伯族人世代供奉的祖先实物保存下来的不多，据对前郭尔罗斯蒙古族自治县吉拉吐乡锡伯屯村调查，在“文化大革命”十年浩劫中，有的锡伯族人将喜利妈妈口袋藏到屋棚里，逃避了搜查，也有的锡伯族人将辣椒串子挂到了海尔堪玛法的南墙上面，机智地躲过了红卫兵的视野，得以存留。

改革开放以来，尤其是进入20世纪90年代以来，锡伯族人敬重祖先，崇拜祖先的民族意识依然不减。吉林省锡伯族人有的结众，远到大兴安岭嘎仙洞祖宗之庙进行寻根，也有锡伯族人多次组团到沈阳锡伯家庙太平寺进行祭祖。还有的锡伯族人重新续修家谱，缅怀和纪念祖先。

二、萨满教

萨满教在人类历史的长河中曾是一种最早形成的广泛的宗教现象，在亚洲、美洲、大洋洲均有分布，尤其是在东北亚地区，成为土著民族群团的普遍信仰。锡伯族在明代以前，信仰萨满教。明、清时代主要信仰喇嘛教，但萨满教并没有完全退出历史舞台，在民间仍然以信仰萨满教为主。

萨满的基本观念，是信鬼神的存在，万物有灵。萨满以天堂为上界，诸神所居；地狱为下界，鬼魔所居；地面为中界，人类所居。

萨满教没有庙宇，只有神像，在家中保存。神像由长布帘制作，里画萨

锡伯萨满披肩

锡伯萨满神鼓

锡伯萨满神帽

锡伯萨满铜镜

锡伯族萨满祭祀

身着萨满神服的锡伯族萨满

锡伯族萨满侧背面图

锡伯萨满垂饰

锡伯萨满头饰

锡伯萨满头饰

满源出之像的列祖列宗，文图并茂，犹如带人像的家谱。神像平时卷起，每年旧历八月十五日（中秋节）挂于墙上宰山羊祭祀，还点香烧黄表纸跳神，以求列祖保佑，法力常在。

锡伯族的萨满不能世袭，就是说萨满职务不能传给其子女，在一个家族只能隔代学萨满。当一个萨满谢世后，其家族将其生前使用的萨满服和法具保存起来，等本家族出现新萨满后，再交给他。锡伯族人遇有以下情况时，才请萨满跳神：家人遇有疾病，经多方治疗无效时，请萨满跳神除邪和问卜；家宅不安，灾难层出不穷时，请萨满跳神驱压邪气。

三、喇嘛教

锡伯族除了信仰萨满教之外，还信仰藏传佛教，又称喇嘛教。锡伯族信奉喇嘛教，始于16世纪。当时，锡伯族依附于蒙古，受蒙古信仰喇嘛教的影响，传入锡伯族中，“蒙古敬信黄教，实始于俺答”，黄教是喇嘛教中的一支，锡伯族信仰的是黄教。

明万历九年（1581）十二月，俺答汗的后裔邀请蒙古各部王公以及第三世达赖喇嘛为俺答汗合葬，索南嘉错应邀前往，沿途对蒙古各部宣传黄教，得到各部汗王的崇拜，有的还出了家。万历十三年（1585），索南嘉错到达归化城，参加俺答汗葬礼，按照佛教的礼仪，将俺答汗的遗骨火化。索南嘉错趁此向蒙古各部首领传扬黄教，各部首领一一服依。依附于科尔沁蒙古的锡伯族人，从这时开始信仰喇嘛教。正统喇嘛禁止娶妻，但不像活佛那样传世相承，而是从自愿当喇嘛的闲散人员中物色，选入寺庙中加以培养。

锡伯族供奉祖先龛

到了清初，由于朝廷鼓励信仰喇嘛教，喇嘛教成为锡伯族中占主导地位的宗教。

据锡伯族佟姓家谱资料记载，吉林伯都讷地区锡伯族信仰喇嘛教的时间均比其他各地区锡伯族要早，是个特例。

12世纪初叶（宋代），跟随室韦西北部拓跋佟·白大将军后裔从青海返回到吉林扶余伯都讷的有部分吐谷浑部族（今

锡伯族喇嘛庙

土族）外，还有以吐喇嘛旺增活佛为首的藏传佛教僧侣等，并在扶余伯都讷建造了迄今最早的“锡伯家庙”——弘愿寺，距今有800多年历史，后于明代重建改为“弘远寺”。

青海地区是喇嘛教的发祥地与传播地。据前郭尔罗斯蒙古族自治县民族宗教局副局长白音都楞回忆：1998年，确曾有过青海的锡伯族来到锡伯屯进行寻根。松原市扶余市三骏满族蒙古族锡伯族乡西达户村锡伯族佟柏春提供的材料写道：“听先辈讲最久之前，祖先自青海返回伯都讷，在青海留下一支人，但至今没有联系，我们都是白大将军的后代，据老人讲，在历史上就有我们佟杨姓还有苏姓关姓富姓，还有一位活佛。”2010年5月，《吉林锡伯族》编写组来到松原市宁江区伯都讷乡进行实地考察。在伯都讷乡文化站长的陪同下，编写组来到伯都讷乡境内的喇嘛屯，今称新安村，在村边的耕地上，发现了弘远寺的遗址，耕地土垄中不时可见残碎的青砖瓦片，四周依稀可辨。居住伯都讷地方锡伯人修建喇嘛庙和老爷庙（关帝庙）绝不是孤立的，是有传统承续的。通过调查，吉林省松原市锡伯族聚居的村屯，过去都建过规模不一的喇嘛庙或关帝庙。

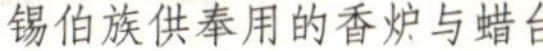

锡伯族供奉用的香炉与蜡台

锡伯族供奉祖先像

锡伯族家供佛像

桑耶寺

在吉林省扶余市三骏乡锡伯族达户村，曾建有一处锡伯族喇嘛庙——“桑耶寺”。

据对西达户锡伯村原村长杨红（锡伯族）、原村支书张洪军（锡伯族）、邵国权（汉族）、杨福卿（锡伯族）等人的调查：“桑耶寺”建于清代，遗址前方南距居民房舍大约250米，后方北距松花江大约200米，西边距达户村去松花江的乡道约150米，占地约6亩。

当初的桑耶寺建有8间房舍，其中北殿3间，供关公正位，东边供关兴，西边供周昌。前殿5间，供各种佛像。每年农历四月十八、五月十三，都是桑耶寺隆重的日子，车来人往，很是热闹。

桑耶寺1950年拆除。庙中的喇嘛生前嘱托当时的村长杨红在喇嘛庙遗址刻立石碑，碑立于2009年。时至今日，该处遗址仍留有大量青砖残块。

吉林省松原扶余三骏乡达户村村民为金代锡伯族家庙“桑耶寺”遗址立碑

据前郭尔罗斯蒙古族自治县吉拉吐乡锡伯屯村58岁的梁桂芝等人介绍，锡伯屯锡伯族人在长白公路西200余米，锡伯屯北侧曾建过关帝庙，关帝庙后为碾道。庙门在北边，宽3.6米、长5米，土制，供有关公塑像和其他佛

锡伯族娘娘庙

锡伯家庙

像。该关帝庙于1962年毁失。

中华人民共和国成立以后，随着萨满教、喇嘛教相继退出社会的舞台，吉林省锡伯族人头脑中的萨满教、喇嘛教观念早已成为历史的遗迹。

改革开放以后，特别是20世纪90年代以来，党和政府高度重视民族宗教政策，恢复和重建了一些宗教场所，有少部分锡伯族人，在不信仰宗教的情况下，于举办庙会活动期间常携亲搭友，借机去庙会参观，并同时选购庙会商贸大集的百货，成为一种新的时尚。

第六章 充满魅力的文教体卫

一、语言文字

1. 语言

（1）使用蒙古语、满语

锡伯族人自从隶属于科尔沁蒙古后，在本民族语言中，逐渐融合了一些蒙语词汇，后来有越来越多的锡伯人使用蒙语蒙文。16世纪末，满洲势力渐兴。有一部分锡伯人被编入满洲八旗，较早地使用了满语满文。康熙三十一年（1692）以后，依附于蒙古的锡伯族人被赎出编入满洲八旗，开始使用满语满文。但是，他们仍保留了本民族原来的部分词汇。移驻京师的锡伯族人，他们的语言是杂有锡伯方言的非标准满语。康熙年间，一部分锡伯族人由京师遣返松花江中游一带定居后，与蒙古族杂居，他们学习并使用蒙古语文。

（2）使用汉语

嘉庆、道光年间，大批汉人从关内涌至松花江流域垦荒种地。锡伯族人同汉族人杂居，又开始学用汉语、汉文。清末，汉语文已成为当地锡伯族的通用语言文字。早期的锡伯语早已失传，南迁前后学用的满语或"非标准满语"也因长期无人使用在吉林地区失传。蒙古语文局部人使用，但未通用。这个时期以后，在锡伯族人中保留的锡伯语言的痕迹，只是那些已用汉文音译过来的专有名词，如"喜利妈妈""海尔堪""阿谋""务户里达"等等。从20世纪初至今，汉语汉文一直是现居吉林省的锡伯族人的通用语言文字。

2. 文字

锡伯族在历史上曾经使用过蒙古文、满文，后又在满文的基础上形成锡伯文。

（1）使用呼吐木文

在自元至明末清初的400余年间，锡伯族依附蒙古族的过程中，通晓了呼吐木文，也使用着呼吐木文。

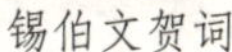

锡伯文贺词

锡伯族老人书写锡伯文

（2）使用满文

16世纪末，满洲民族在东北地方兴起，其势力日益扩大，很快征服了邻近的部落，曾依附科尔沁蒙古的锡伯族于康熙三十一年（1692），被编入满洲八旗。从此，锡伯族逐渐学用了满文。

在清代，锡伯族不仅接受了满语，而且也接受了满文。至乾隆后多数满族开始放弃自己的语言文字，而锡伯族则完整地保持着它。乾隆三十六年（1771）七月盛京将军恒禄前往盖州、熊岳、复州、南金州、旅顺水兵等营检阅，查官兵清语，锡伯等均能说清语，其余人虽有所好转，不能说且不懂者甚多。

清入关后，为了加强其统治，提倡满、蒙八旗官员学用汉语汉文，锡伯族在康熙三十八年（1699）以前，大部分驻防在汉族人尚少的大后方，故迁到盛京地区后，才开始学用汉语汉文，嘉庆八年（1804）七月所建太平寺的两通石碑，用的即是满、汉两种文字。这种状况一直持续到清末。调查中发现许多锡伯族的家谱，凡清代修纂的，都是用满文或满汉两种文字。吉林省锡伯族失掉锡伯语、满文的时间是在清末。普遍的是在辛亥革命前后。对照满文与汉文的同一家的家谱，使用满文失掉的年代，便看得很清楚。如吉林省长春市锡伯族《瓜尔佳氏家谱》续谱，到民国时则由满文谱改为汉文谱了。

定居在前郭尔罗斯蒙古族自治县的锡伯族，由于长期与蒙古族接触，使用的是蒙古语、蒙古文、汉语、汉文。据《前郭尔罗斯蒙古族自治县县志》记载：“有一家姓关的三兄弟和唐、刘两家锡伯族人，从顺天府（北京城）派到前郭旗，在前郭吉拉吐乡立屯，名锡伯屯。这些人的使命是为宫廷捕获鳇鱼。从此锡伯族人在前郭繁衍生息……使用蒙汉两种语言文字。”

从民国初年到中华人民共和国成立之后，吉林省的锡伯族人除极少数仍使用蒙古语、蒙古文外，其余都通用汉语汉文。

综上所述，锡伯族既有自己的语言，又有本民族的文字，属阿尔泰语系，满通古斯语族，满语支。散居在吉林省的锡伯族，除少数老年人能说部分锡伯语外，基本失传了。西迁新疆的锡伯族，至今还保留着锡伯族的语言和文字。

（3）使用锡伯文

锡伯文是新疆锡伯族使用的文字。属拼音文字类型。以满文为基础稍加改变设制而成。1947年，新疆的锡伯族根据锡伯语的特点，对满文进行改革。废弃满文的部分字母和增加锡伯语中有音无字的新字母，改进少数字母在词中、词尾的写法，并对音节拼写形式作了增删，使文字更接近口语。有40个字母，其中辅音字母14个，元音字母6个。行款直书左行。新中国成立

锡伯文书法

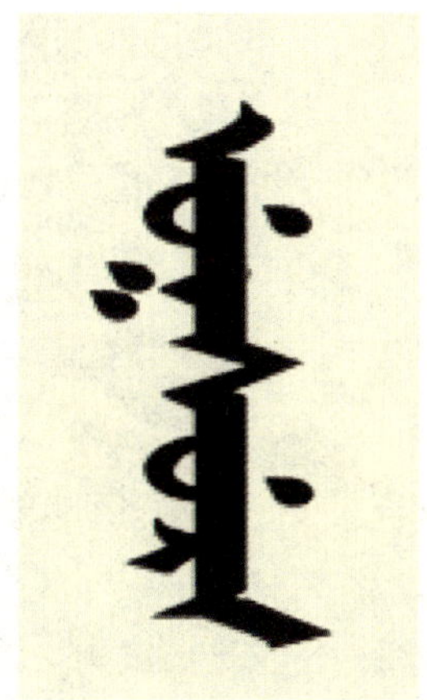
锡伯文“锡伯”

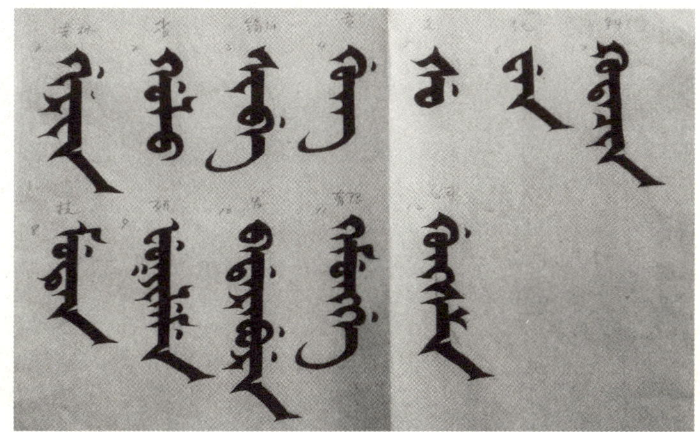
锡伯文题字

后，在察布查尔锡伯自治县已广泛使用，小学设有民族语文课，并出版本民族创作的文学作品、翻译书籍和报纸。

中华人民共和国成立以后，吉林省锡伯族人在各次纪念锡伯族“四·一八”西迁节和锡伯族其他活动时，均使用汉文与锡伯文对照的会标。在出版发行的有关书籍读物时，也使用汉文与锡伯文对照的封面，佟靖飞、白长有编著的《锡伯族先祖传记》《谈古论今话锡伯》等书的封面就应用汉文、锡伯文对照。

二、文化艺术

1. 民间文学

锡伯族的民间文学又称口头文学，其渊源远久，内容丰富，形式多样，在锡伯族文学艺术中占据主要地位。锡伯族的民间文学主要有民歌、民谣、民间故事、民间传说、神话、童话、寓言、谚语等。

（1）民歌

锡伯族民间文学中最有特色的是民歌，其内容可分为：叙事歌、萨满

嘎仙洞绘画

歌、颂歌、劝导歌、习俗歌、田野歌、打猎歌、情歌、宴歌、新民歌等。

在吉林省锡伯族屯，流传着一些关于鳇鱼圈的民歌，如高峰写的《鳇鱼圈》：

网房无影圈无痕，半是青苔半是村。
昔日宫廷鳇鱼宴，今朝有幸属诗人。

在吉林省锡伯族中还流传着一首锡伯族叙事歌《扎下营盘保中华》，歌中唱道：“怀亲节‘四·一八’，宰大猪把羊杀，遥望西方亲骨肉，祝愿东西共安康……”

（2）民谣

锡伯族民谣内容丰富，一种是童谣，教育儿童继承尊敬长辈的优良传

统；一种是普通民谣，反映锡伯族的贫穷农民遭受封建地主剥削的悲惨情景。如民谣《拿命换》：要吃地主饭，就得拿命换。鸡叫就起身，半夜吃早饭。下地带小跑，东家还嫌慢。

锡伯民谣——巴卜渣，巴卜（摇篮曲）

摇摇喳，巴卜渣，宝宝好好睡觉吧。摇摇喳，巴卜渣，明天抱你去看操。秫秸马，柳条刀，将军年纪虽然小，胆子大来本领高。摇摇喳，巴卜渣，宝宝快快睡觉吧。狼来啦，虎来啦，阿玛出征发马啦，小宝宝，你等着吧。双眼大红翎喳，晃眼的亮红顶喳，打败毛子贼呀，功劳归你爷儿俩。

（3）民间故事与传说

锡伯族民间文学中，传说和故事也占有相当重要的位置，其数量和流传之广仅次于民歌。反映古代锡伯族生活的传说流传至今的并不多，举例说明。

龙女出海

锡伯族民间神话故事，传说大海边上有座盘龙山，山下住着个恶财主，山下住着贫困的母子俩。一天，山下的儿子沃河图拾到两个发光球。听喇嘛说，白球是滚地平，蓝球是炸海干。沃河图拿着蓝球去炸海，果然地动山摇，惊动了海里的龙王爷。于是龙王爷下令把沃河图请进宫，问明缘由后高兴地把龙女许配给他。恶财主想要霸占漂亮的龙女，便带人去抢。龙女回龙宫借来水匣、冰匣、风匣，狠狠地惩治了财主和下人。

欻嘎拉哈的传说

锡伯族民间传说，讲述欻“嘎拉哈”娱乐活动的意义。老汗王努尔哈赤同明军在萨尔浒打仗取胜，犒赏官兵。官兵来得不齐，于是老汗王到兵营，见锡伯族的官兵都在欻“嘎拉哈”，非常热闹，汗王爷很高兴，便一起玩起来。从此，一到年节，老汗王就到兵营与锡伯兵一起玩欻“嘎拉哈”，关系十分融洽。从而增强了官兵的战斗力。

阿玛

锡伯族民间传说，讲述“阿玛”称谓的来历。大兴安岭脚下有一条小河，两岸分别住着关姓和吴姓家人两个部落。一天，两家同为打一只狍子而起争执。小兴安岭地区远近闻名的驱豹能手“憨哥”把两家人叫到一起说：“山、林、河、湖归百姓所有，野兽、鱼虾归大家享受，应该比谁箭法精、渔网下得最好，谁野兽、鱼虾打得最多，谁就是我们的民族英雄！”大家听了“憨哥”的话，都觉得有道理，从此，两个部落永远和好了。大家送给“憨哥”一个绰号叫“阿玛”。“阿”是锡伯语美好的意思，“玛”是锡伯语聪明的意思，后来“憨哥”的儿女们都叫他“阿玛”，“阿玛”逐渐取代了“爸爸”。

从那时候起，锡伯族都管爸爸叫“阿玛”了。

围嘴的传说

锡伯族民间传说，讲述小孩戴“围嘴”习俗的由来。锡伯人上山打猎常把孩子留给老人看管，因屡遭匈奴人进犯和抢夺，孩子们常常没奶没饭吃。于是保护神“喜利妈妈”想出了个办法：把奶酪围在小孩脖子上，饿了就吃，这下可解决了大问题。为了纪念“喜利妈妈”的恩德，锡伯人一直沿用小孩戴围嘴的习俗。

绣花边的来历

锡伯族民间传说，讲述绣花边习俗的由来。大兴安岭、嫩江一带，是锡伯人狩猎的好地方，而狩猎的人又常常被毒蛇咬伤。一个名叫兰花的姑娘，割草时不小心把裤腰带丢了，就用绣花边的头巾扎上，毒蛇见到就溜掉了。兰花想这是个防蛇的好办法，从此，已婚的妇女都穿绣花边的衣裤和绣鞋，未嫁的姑娘只穿绣鞋。

（4）谚语

在长期的生产生活中，锡伯族人总结出许多关于生活和农牧业生产的经验，并把这些经验用形象化的手法，概括成语言精练富有哲理的谚语，其中流传较广的有：“说话不能追问，烈马可以套住。”“宽襟绊住脚步，长舌缠住脖颈。”“老牛不喝水，不要强按头。”“干草捆起来也变不成房梁。”“尽管狼在嗥叫，烈马照样奔驰。”“冻的是懒人，饿的是闲人。”“一天省一把，三年买匹马。”“一天省一口，一年省一斗。”“山高脚更高，河宽桥更宽（长）。”“谎言骗过了别人，影子瞒不住太阳。”“勤扫院子少赶集，烧酒不是好东西。”

吉林牛孢锡伯族谚语

“白桦成林才好看，儿女成才被人赞。”“鳇鱼越大越值钱，劳动越多越幸福。”“吃饭离不开欧李，为人离不开道理。”“苏瓦河水清有贡珠，人世间心诚有缘。”

（5）谜语

锡伯族的谜语主要有动物谜语和植物谜语等，动物谜语主要表现动物的特征和动态。如："夏天悠闲自在，秋天忙着积粮，经常偷吃东西，人人非常厌恶。"（老鼠）植物谜语的数量不是很多，主要是一些日常用物的谜，如："铲了还要长，冬天冻不死，六月发臭气，人们也喜欢。"（韭菜）

2. 民间艺术

（1）刺绣

锡伯族妇女刺绣，范围广泛，从服饰到鞋袜，从门窗罩帘、墙围布、锦帐、枕头花、伏边以及荷包、嫁妆等，都是刺绣的天地。每年农闲时间里，妇女的任务，除炊事缝补之外，就是施展其特有的手艺——绣花。在门帘、墙帏、老人鞋、枕巾、枕套、枕头、童装等上面，都绣有五彩缤纷的花朵和各种神态的飞禽走兽，此外，马鞍垫褥、台布等装饰用品也在刺绣之列。

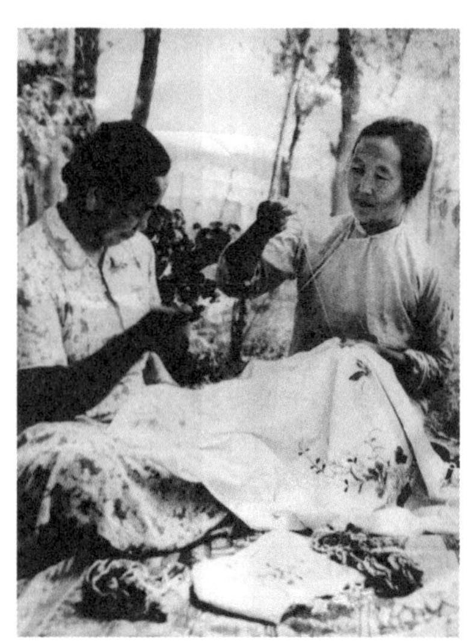

锡伯族妇女刺绣

（2）剪纸

纸是一种相对较经济的材料，对于锡伯族民间艺人和妇女们来说，一把剪刀、一张彩纸是他们发挥自己的想象力与创造力，表现内心世界和体现生活理想的自由空间。在每一个节日与喜庆活动如大年、小年、正月十五、中秋及一些本民族的传统节日中，还有人生中具有重大意义的阶段，如出生、周岁、婚礼等之中，都伴有大量的代表美好、喜庆、吉利等意义的剪纸图案。人们把它们贴在椽头、窗户、炕头墙壁、家具或糊在自制的彩灯上。

这些用红、绿、黄等彩纸剪贴成的民间图案作品，为固有的喜庆与节日气氛增添了更丰富的色彩。剪纸，有花卉、鱼虫、飞禽、走兽、神话、故事等喜闻乐见主题，栩栩如生地呈现在窗纸、门楣之上，给人以奇异的轮廓之美，又能给人以玲珑剔透之感。一些与汉语吉祥词有关的吉祥词语，利用汉字的谐音以一些物品来表现吉祥词语的形象图案，也同时在锡伯族民间图案艺术中出现。如锡伯族剪纸刺绣中的早（枣）生（花生）贵（桂圆）子（莲子）、连（莲花）年有余（鲤鱼）等。

（3）绘画

锡伯族民间的绘画艺术充分展示了锡伯族民间图案的各种风采。在线与色的并列、组合、穿插中创造一种美的韵律，是极其自由和富于表现力的艺术形式。

景泰蓝制的小圆盒

锡伯族向来重视祖先崇拜。过去，祖父、父亲亡故后都成为下一代崇拜的对象，在他们生前或死后，下一代必须为他们画像，逢年过节悬挂在供桌前面，烧香叩头，顶礼膜拜。因此，民间绘画师很受器重。所绘画像多系水彩画，也有黑白的。有些绘画师技艺高超，所绘人像栩栩如生，人们对他们往往送重礼答谢。另外，绘萨满图、灶神像自古成为时尚，这些都成为锡伯族绘画艺术的组成部分。过去，锡伯族家庭多有大小柜子，上部绘有禽兽、花卉图案，其中以飞鸟、牡丹、莲花、菊花为多，其画法接近于彩色工笔画，朴素又大方，表现出浪漫色彩。绘画，主要有神龛祖画、家谱书画、萨满师像画、壁画、油画等。

（4）图案

锡伯族民间图案，是锡伯族承袭古代先民的原始文化，体现着锡伯族传统艺术特点和浓厚文化内涵的民族民间艺术。锡伯族传统的民间图案，如萨满神裙上的闪电图案，丧葬中棺内剪贴的日月、北斗图案等映射出的民间信仰观念，是万物有灵崇拜的直观说明。从锡伯族原始萨满教所信奉与祭祀的诸如“萨哈连乌拉”（黑龙江）、“松阿里乌拉”（松花江）、“嫩毕拉”（嫩江）

木柜图案

等一系列的自然崇拜物和自然神祇中，更能体现出这一点。

锡伯族民间图案中玉米、高粱、小麦、向日葵等农作物和铁锹、木锨、木犁、镰刀等生产工具图案的出现，也说明了锡伯族从原始的渔猎、采集生活慢慢转向农耕并逐步掌握了多种农业生产技术的发展过程。在锡伯族民间保留下来的萨满神裙上绣制的狩猎用刀、矛、弓箭及各种植物、农作物、农具的图案，都体现出了锡伯族从原始落后走向较先进的生存状态的历史事实。

（5）雕刻

石雕

锡伯族的石雕主要表现在庙宇建筑艺术上，石雕成品有石狮、鹿、鹤等奇兽异鸟，香炉及其他佛事用具。

石雕壁画见于各庙宇的装饰，石壁上形成连缀图案，雕琢奇花异木、奇兽异鸟以及各种自然景色，形式多样。

各庙宇的瓦顶，砌筑技术堪称上乘，砖雕艺术更见辉煌，各种图案配漆描金彩绘，更是大放异彩。锡伯族的住房，大多土木结构，窗台以下垒（包）砖，屋檐砖封，在这些砖砌部位，常可见到锡伯族形象的砖雕工艺。

木雕

锡伯族的木雕工艺，多见诸寺庙、房屋建筑、门牌匾额、家具、武器、生产工具和生活用具之中。

锡伯族鳇鱼木雕

吉林省锡伯族独具特色的木雕工艺品有：樟木雕作品《锡伯鳇鱼贡》，该木雕工艺品由吉林省民俗学会锡伯族医药文化遗产研究中心与吉林锡伯贡文化科技研发有限公司合作设计制作，颇具吉林本土特色。并在2013年9月吉林省第四届旅游商品博览会上展出，受到本届旅游商品评委的好评。该作品长度88厘米，宽度30厘米，高度36厘米，重量15公斤。题材取于清康熙皇帝下诏书，晋“鳇鱼贡”成为吉林省锡伯族先人服徭役之一“鳇鱼差”。

樟木雕作品：《锡伯瑞兽》，该作品长度37厘米，宽度16厘米，高度43厘米，重量约2.5公斤。题材源于长春市榆树市大坡镇老河深村1980年7月至1981年7月两次考古发掘过程中清理出6件完整的拓跋鲜卑鎏金神兽牌饰，“锡伯瑞兽”吻上长角，有一对翅膀，形状似犬非犬，似马非马，似牛非牛，声似犬吠，呈奔翱状，故称之为“飞犀”。《锡伯瑞兽》在2013年9月吉林省第四届旅游商品博览会展出，被评为吉林省旅游商品设计特色奖。

锡伯瑞兽木雕

3. 音乐舞蹈

（1）音乐

锡伯族的音乐分戏剧音乐和说唱音乐两类。戏剧音乐，又分为平调和越调两种。平调的历史悠久，是锡伯族在东北时期就有的音乐，而越调是锡伯族西迁与汉族有了频繁往来以后才形成的。其中有汉族音乐成分，因此，它的历史较短。

锡伯族说唱音乐曲式结构简单，大部分曲子以单乐段构成，因此，既便于记忆，又便于流传，常见的是上下两句的单乐段。调式种类繁多，这是锡伯族民间说唱音乐（民歌）的一大特点。著名的有田野歌曲调、蝴蝶歌曲调、西迁歌曲调、婚礼歌曲调、打猎歌曲调、摇篮歌曲调等。

（2）乐器

锡伯族的民间乐器有弹拨乐器东布尔、斐特克讷，拉弦乐器绰伦，吹奏乐器墨克纳、芦笛和苏瓦延古琴等。这里仅介绍苏瓦延古琴和东布尔两种民间乐器。

苏瓦延古琴

据长春市锡伯族艺术团团长关济川介绍：5年前，有一关姓先生，原籍双阳人。当时，在长春艺术学校工作。为孩子入学表示感谢友人，将家中祖传的古琴送给朋友保管。古琴背面刻有“苏瓦延阿骨打”6字，后卖给一个北京人，价约46万元。古琴长约120厘米，宽约40厘米，高约20厘米。古琴面板为乌桐木，有7根弦，弦为丝线。关济川还提到：还有一把苏瓦延古琴，流落到白山市二道白河，据说此把古琴上刻有“苏瓦延公主”的名字。但古琴仅剩琴座而没有琴弦。

苏瓦延古琴在吉林省现已仿制复原。复原的苏瓦延古琴长122厘米，宽38厘米，高18厘米。古琴面板为冷杉木，有9根弦。古琴是吉林省民俗学会锡伯族医药文化遗产研究中心、长春雅乐艺术团根据收集挖掘的资料与位于净月玉潭镇锦竹社区的吉林省锡伯族新兴文化产业合作项目研发基地合作仿

苏瓦延古琴演奏

制复原而成的。吉林省文化厅对此项文化遗产给予高度重视。

东布尔

是锡伯族特有的弹拨乐器，琴头和按指板似三弦，共鸣箱似冬布拉，用山羊肠作弦。共有12种曲调，如“锡伯拜伦”“烧茶舞曲”“醉人舞曲”等。

东布尔由琴箱、琴杆和琴头3个部件组成。琴身长约一米左右，全木质，挖槽，琴箱蒙薄木板，颈细长，琴身上饰以本民族的各种图案，美化外观，用于家庭或社交娱乐活动。东布尔音域不广，有四度音程，但有独特的旋律，婉转激昂，音色凝重，动听悦耳，适宜

锡伯族乐器东布尔

弹奏

于弹奏快节奏的舞曲。因此，东布尔实际上成为专门用来演（伴）奏贝伦舞曲的乐器。

（3）舞蹈

锡伯族在历史上有很多种类的舞蹈形式。从舞蹈分类上讲，可分为两类，即古典舞和贝伦舞。古典舞包括萨满舞、狩猎舞、射箭舞、蝴蝶舞、铁锹舞、手鼓舞、马舞等。贝伦类包括面具舞、跋子舞、单点舞、双点舞、醉舞、请安舞等。古典舞形象活脱，每个舞蹈都有连贯性，具有故事情节。在吉林省锡伯族中，至今仍有吉林省长春市锡伯族艺术团创作演出的贝伦舞、太平鼓舞、蝴蝶舞、萨满舞等。

贝伦舞

产生于民间，发展于民间，是由众多人表演的具有自发性、自娱性的舞蹈。贝伦舞短小精悍，舞蹈形象鲜明生动，以即兴表演、自娱为主，多以独舞、男女对舞形式出现，伴以节奏欢快的乐曲。贝伦舞作为锡伯民族的“生命艺术”，其形成和发展与锡伯族历史沿革休戚相关。锡伯族在大兴安岭一带

锡伯族贝伦舞

把狩猎捕鱼当作主要谋生手段时，就以自己对神灵瑞兽图腾崇拜和渔猎劳动生活创造了表达心愿和抒发情感的人体动态娱乐形式——贝伦舞。至明代中叶，锡伯族东迁在嫩江流域定居与科尔沁蒙古发生频繁交流，贝伦舞也从原始形态脱颖而出。自清初至康熙年间，锡伯族再次南迁东北各地，京师和山东、山西等地驻防，其宗教信仰、社会生活、生产活动和文化艺术等都发生了一系列相应的变化，贝伦舞也由单一走向复杂，由单层次走向多层次，由初级走向较高级阶段。

太平鼓舞

是吉林省长春地区锡伯人中流传的一种鼓击音乐舞蹈，产生于唐代，至今依然留存各种乐舞中，鼓击舞从单纯的“临阵击鼓”中脱胎换骨，成为一种高雅的乐舞形式。

“太平鼓舞”是以“太平鼓”为伴奏的一种舞蹈，一般以男女对舞为主，舞型小巧玲珑。表演者左手持鼓、右手执鞭，上下翻飞，左右摇摆，翩翩起舞。按一定的动作和步法，进退自如，扬、抑、蹴、摇、转等都恰到好处。舞姿矫健中不乏婀娜，阳刚而又柔美，轻快活泼。

蝴蝶舞

锡伯族的“蝴蝶舞”，是即兴表演的民间舞蹈，多以女子独舞表演见长，有时可以男女对舞。

蝴蝶，在锡伯族青年女性的心目中，早已成为美的化身、自由的象征这样一个概念。蝴蝶舞就是通过蝴蝶自由飞翔的形象描绘，以及捕捉蝴蝶的全过程，艺术地展现她们对爱情、婚姻自由的向往和执着的追求。过去，锡伯女性，根本谈不上自由恋爱，完全被“媒妁之言、父母之命”所摆布。加之婚后被许多的族规家法和夫权专制束缚，没有地位和自由。在这种情况下，她们便把所要寻觅的自由和幸福寄寓于自然界里的像蝴蝶一样的美化物身上。在她们看来，蝴蝶是那样美丽、自由自在，无忧无虑地在蓝天飞翔，在万紫千红的花丛里流连忘返。于是，经过艺术的想象，以追捕蝴蝶为主题的，借此要实现她们心中所希冀的目的的蝴蝶舞就这样问世了。蝴蝶舞从寻觅起舞，一开始表演者没有见到蝴蝶，不由得焦灼不安起来。继而，蝴蝶出

祝酒起舞

现了，表演者且惊又喜，急忙去追捕。但蝴蝶并不好捉，表演者经过一连串的寻找，智穷力尽，最后花很大气力，才捕住蝴蝶。但是，当她把蝴蝶捏在手指上仔细欣赏的时候，蝴蝶突然逃脱，于是再一次追捕，直到重又捕捉住蝴蝶为止。在这整个表演过程中，渗透着捕捉者的喜怒哀乐，把寻觅的痛苦、追求的艰辛和获得的欢乐之情表现得淋漓尽致。

吉林省长春市锡伯族艺术团排练的蝴蝶舞，不但在本省演出，还到黑龙江省和辽宁省锡伯族地区演出。

萨满舞

锡伯族舞蹈中还有萨满舞，萨满跳神，主要以舞蹈形式去和妖魔鬼怪进行搏斗。萨满起舞，要戴上神帽，穿上神衣神裙，戴上铜镜，手持神鼓，手脚的动作要依神鼓的鼓点而起。一般的动作要领十分和谐柔顺，看上去给人以赏心悦目之感。有些高超的萨满跳舞，能使鼓声、腰铃声与舞步、手的动作配合得非常和谐，从而给人以美的享受。萨满舞是古代民族狩猎和游牧生活的再现，反映了原始氏族时代的精神和处于狩猎和游牧生产方式人们的生活气息，同时反映了山林文化和草原文化的特点。

因此，长期处于这一生产方式的锡伯族，即使在时代变换和生产方式转变的情况下，也把萨满舞一直带到现代社会。

近年来，吉林省长春市的锡伯族文艺工作者彩排的萨满舞，经常在“四·一八”西迁活动中表演。

4. 文艺创作与表演

在文艺创作与表演方面，吉林省锡伯族可谓人才济济，硕果累累。

（1）文艺创作表演代表人物

关伯衡

中国少数民族声乐学会吉林分会副秘书长、吉林省文联国家二级作曲家关伯衡长期从事音乐创作与指挥。主要作品有歌剧《黎明烽火》《草原之鹰》

文艺交流

《草原洪浪》，舞剧《草原英雄小姐妹》，钢琴曲《新疆狂想曲》和《我们巡逻在祖国边疆》《红日高照长白山》。出版歌曲集《你不要把姑娘追得满山跑》和《关伯衡歌曲集》。

何纬寰

他热爱音乐歌曲，利用大量业余时间，创作发表的主要歌曲有《歌唱祖国的春天》《正当我们年轻的时候》《三杯美酒敬亲人》《美丽的松花湖》《王杰小唱》及儿童歌曲《夏日的早晨》。由于业绩突出，多次受到省、市文化教育部门的奖励，1981 年被吉林省人民政府评为全省文化系统先进工作者。

关承时

歌舞表演的主要代表人物。吉林省歌舞剧团副团长、国家一级演员，从事半个世纪的歌剧、歌舞表演与声乐教育。他参加百余台歌舞晚会的排练演出，曾在《青林密信》《何时彩云归》《血泪歌声》《夺印》《洪湖赤卫队》等 20 多部大型歌剧中出演主要角色。曾策划导演了《东北——我的黑土地》

《纪念毛泽东诞辰100周年》等大型歌舞晚会。参加撰写的《音乐小词典》在吉林大学出版社出版。

影视编导的主要代表人物是白德彰、胡彦华。

白德彰

长春电影制片厂国家一级导演、一级演员。他出演拍摄了几十部影片，并在多部影片中饰演主要角色，导演了十余部影片。特别是他执导的《现代角斗士》，是在察布查尔锡伯自治县和新疆实地拍摄的首部反映锡伯族人民悠久历史、战斗岁月、保卫与建设祖国边疆崭新生活的影片，深受锡伯族人民与全国各族人民的喜爱，白德彰从事电影事业50余年，任导演25年，业绩显著，他被誉为中国电影界的“常青树”。

胡彦华

长春电视台主任编导，她于1992年至1995年指导拍摄多部电视纪录片，主要纪录片《潘虹》《莲》《笑声里的秘密》《不朽的辉煌》等均获吉林省广播电视学会“丹顶鹤”奖。胡彦华为了继承锡伯民族爱国主义优良传统，弘扬民族精神，她主动请求长春电视台的领导给予支持，无偿地为锡伯族同胞纪念锡伯族传统的“四·一八”西迁节拍摄电视专题片《手足情》，深受各级民委领导和锡伯族同胞的赞誉。

（2）吉林省锡伯族文艺表演团体

吉林省锡伯族不但在文艺创作与表演方面涌现出了许多杰出个人，还组建了锡伯族艺术团和乐团，开创出吉林省锡伯族宣传演出的新局面。

瓜尔佳六兄弟乐团

吉林省锡伯族瓜尔佳六兄弟乐团的团长是关济川，他是吉林省吉他协会主席、沈阳音乐学院附属艺术学校客座教授。关济川出生于音乐世家，其父曾于20世纪30年代任哈尔滨交响乐团指挥，1945年抗战胜利后，参加东北民主联军，后整编为第四野战军四十三军某师任团职分队长。

锡伯族艺术团为社区服务演出

2000年，关济川主办长春市“万隆民族艺术团”任团长，接受中央电视台“梦想剧场”“神州风采”等专题专栏人物采访。2002年他主办吉林“瓜尔佳六兄弟”乐团。

瓜尔佳六兄弟乐团的组成成员由一奶同胞六兄弟和两姐妹组成。乐团成员有大哥关济昌、妹关荣华、二弟关济庭、妹关荣文、三弟关济川（乐团团长）、四弟关济忠、五弟关济仁、六弟关济平。

“瓜尔佳六兄弟”乐团成立以来，曾参加长春市、吉林市锡伯族纪念“四·一八”西迁节238周年联欢演出；赴沈阳市新城子区锡伯族聚居地慰问演出。参加吉林市老龄委、文化局、军区“天力士杯”大奖赛荣获金奖；参加吉林省老龄委主办的大奖赛，获一等奖金杯；参加全国老龄委主办的文艺会演比赛，代表吉林省获得铜奖。同年9月份应新疆察布查尔锡伯自治县邀请，赴新疆参加国庆演出，并参加察布查尔大渠土伯特塑像落成典礼的演出，受到察布查尔锡伯自治县党政领导和锡伯族同胞的热情欢迎和好评。2003年1月参加吉林电视台《人间晚情》剧组编排的春节专题节目《回家》，在吉林卫视多次播出。

长春锡伯族艺术团

改革开放30年来，为推动锡伯族文学艺术事业的开展，长春市组建了锡伯族艺术团。该团前身是长春市锡伯族合唱团，系长春市少数民族民间艺术演出团体。1990年5月，在长春市委、市政府举办“民族团结杯”文艺会演中，以四世同堂大合唱《没有共产党就没有新中国》《世世代代铭记毛主席的恩情》等节目获得了本届文艺会演的“优秀表演奖”。挖掘整理的锡伯族表演唱《亚齐那》获得了“少数民族文艺特殊贡献奖”。

2007年8月28日，成立吉林省民俗学会长春锡伯族艺术团。主要领导有：名誉团长马少华（女），顾问佟靖飞，团长关济川，副团长梁伟（女）、关静文（女）。

2008年6月，长春锡伯族艺术团应邀前往黑龙江省哈尔滨市、辽宁省大连市参加纪念西迁“四·一八”活动，增强了东北三省城市锡伯族民族的文化交流。该团与哈尔滨锡伯族同胞共同挖掘整理出锡伯族传统民俗节日——赛堪伯特克（玉足节）传统民族舞蹈和歌曲。在肖老师指导下，共同创编了锡伯族历史传说独幕剧《赛堪伯特克（玉足节）》的剧本脚本。

长春锡伯族艺术团在吉林省民俗学会指导下，突出民族文化特色，开展了各项民族活动。在韩瑛、何大伟、吴运富、关静文等锡伯族同胞赞助下，共筹集6000多元资金，先后购置了演出服装、音响和简易乐器，并不辞辛苦地挤出时间进行排练。在长春市蒙古族“那达慕”大会、满族“颁金节”等兄弟民族传统节日活动中，长春锡伯族艺术团表演了自编自演的民族舞蹈。自2008年至今，在大连锡伯族学会成立20周年、沈阳市纪念锡伯族联谊会成立20周年、哈尔滨市与沈阳市纪念锡伯族“四·一八”西迁节等庆典活动中，长春锡伯族艺术团应邀表演了锡伯族民间歌舞和自编自演的民族舞蹈，深受锡伯族同胞的赞扬。

改革开放30年来，为传承锡伯族民间戏曲艺术，长春锡伯族艺术团业务团长梁伟率领艺术团成员广泛收集音像资料，编辑刻录了锡伯族民间戏曲荟萃——《远去的鲜卑》CD光盘共两集30多张与省内外锡伯族社会团体进行交流。

吉林省锡伯医学志愿者服务联盟艺术团

2014年11月18日，成立了吉林省锡伯医学志愿者服务联盟艺术团。团长付良君（女，锡伯族），该团设立了《三江雪》原创工作室，原创作品有：

锡伯族打击乐《世世代代铭记毛主席的恩情》；歌曲《锡伯族佟氏仁德堂之歌》《美丽的净月潭》等。该艺术团成立至今先后前往社会福利院、城市社区、民族乡村义务送药并进行文艺演出4场，受到社会各界的好评。

5. 锡伯族乡村的文化活动设施

改革开放以前，吉林省锡伯族村屯的文化活动并不活跃，平时听听半导体收音机，遇到电影放映队下村演场电影，算是举家参与的一件乐事。

改革开放以后，锡伯族村屯文化活动日益丰富多彩，看电视从黑白到彩色，也有的人家还看上了挂壁式液晶彩电。

2015年前郭尔罗斯蒙古族自治县吉拉吐乡锡伯族村建成娱乐、健身广场，占地面积为3 905平方米，现在正改扩建。

三骏满族蒙古族锡伯族乡，建立有规模的文化活动场所。为了方便锡伯族村的文化活动，2009年，在西达户屯锡伯族村又新建了占地1 000余平方米的农民文化活动中心，内设广播站、图书室、台球、篮球和锡伯族文字图片展示厅，丰富了农民群众的文化生活内容。

2009年11月10日，中共扶余市委、市政府授予三骏乡西达户社区新型社区建设先进单位称号。

2015年，西达户锡伯族村又修建了1 000平方米的锡伯广场，配备了各种健身器材，丰富百姓的业余文化生活。

三、教育与体育

1. 教育

锡伯族早年过着渔猎生活，其先民终年累月漂泊于江河之上，或穿行于崇山峻岭之中。《魏书·帝纪》第一序纪中记载，“畜牧迁徙，射猎为业”，“其时文化未兴”，“不为文字，刻木记契而已，世事远近，人相传授”。

锡伯族对教育十分重视，不过在早期受社会条件的限制，受统治民族的奴役和压迫，锡伯族很少有受教育的权利，很少有受教育的机会，当时的传授知识主要以传统教育为主。

（1）传统教育

生产技能教育

锡伯族的生产技能教育是基于对自然环境的适应与自身生存必需，在历久不息的生产生活中进行的。渔猎、畜牧经济在锡伯族历史上占有漫长的阶段，出于适者生存的规律，锡伯族人从小就要受到各种生产技能方面的传统教育，中老年人将自身在实践中积累的生产技能、经验教训、心得体会、社会知识，通过言传身教传授给年轻的后代。教孩子们用桦木、榆木和动物筋条制作弓箭，用刀削制大头木棒、长矛，用马尾、树皮纤维、藤萝制作套子，用木棍和桦树皮制作桦皮小船，编织渔网，教他们养马、练犬、驯鹰、制作滑雪板、雪橇等，然后教育孩子们怎样运用，身体力行，靠实践，靠传、帮、带，将各种生产技能一代一代、周而复始地传延下去，并在具体实践中不断吸取教训，进行改造、创新、提高、发展，使锡伯族认识自然、改造自然、适应自然的生存能力不断升华。

军事素质教育

锡伯族在原始的历史发展阶段，人们不仅仅需要适应自然，改造大自然，同时也需要应对外部落的威胁及外族的侵扰。为了应对这种人为的潜在威胁，锡伯族需要开展军事素质教育。早期的军事素质教育是在言传身教和日常生活、生产及娱乐游戏中进行的。如军事武器的制作与使用教育，这实际上是生产工具的制作与使用教育的延伸和发展。人们受到军事武器的使用教育，不仅能同自然抗争，也可以用来保护自己，打击敌人。这样，一些常用的生产工具，自然而然地转化成军事武器，如矛、刀、箭等。在锡伯族的军事素质教育中，尤其重视骑马、射箭活动。

忠义勇智教育

忠义属于道德的范畴，道德是规范人们行为的一种准则，也是人类社会自古沿袭下来的成文的或不成文的规矩。锡伯族的忠义是在历史进程中形成并不断完善的，特别是历代统治阶级提倡的忠义行为，对锡伯族的忠义观影响更加深远。锡伯族人在“念说”《三国演义》时，赞佩关公的忠义，在锡伯族村落，要修关帝庙宇，在长辈的教育下，孩子们知晓了什么是“真善美”，什么是“假恶丑”，知晓了忠义的重要，知晓了正义战胜邪恶的道理，知晓了处世为人的水准。

锡伯族的忠义勇智教育，还通过寻根、探祖，相互交流，进一步在整个民族中提升了锡伯族的崇高形象和精神面貌。

双元宗教教育

宗教是人类社会中普遍存在的精神信仰。有的民族是单元信仰，有的民族是多元信仰。锡伯族属于双元信仰，即信仰萨满教、喇嘛教。历史上，由于锡伯族的精神空间为宗教信仰所充斥、占据，所以，宗教教育就具有了大众化、普遍性的特点，即每个人都在不同的年龄段、不同的地点、不同的场合在不断地接受着宗教的教育。每当萨满表演或是喇嘛佛事，信仰者都要踊跃参加，在不知不觉中，受到了宗教知识的感染与熏陶，使之传播与延续。

（2）官学义学与“国语骑射”

有文字记载的锡伯族教育活动只能从清朝康熙中期说起，在这以前，虽然没有兴起正规的学校教育，但已有了私塾教育。

康熙中期的教育活动不是以锡伯族本身创办学校或设立某项教育机构的形式来进行的，而是靠清政府的仁施，锡伯族少部分的优秀人才被送到清政府官办的义学里，专门学习满语文并练习骑射。有记载云：“康熙三十四年（1695），黑龙江于墨尔根地方两翼各设学校一处，每翼设教员一员。将新满洲西伯（即锡伯之异写）、索伦、达呼尔等佐领选取俊秀幼童一名，教学义。”《吉林通志》说这“是为黑龙江建学之始”。

学习锡伯族文化

锡伯族移驻齐齐哈尔、吉林乌拉、伯都讷等地，被编成74个牛录，按清政府的规定，每牛录选取一名进学就读，当时至少也有70余名锡伯幼童就学于官办义学，这就是锡伯族学校教育之始。

这些幼童只能是牛录首领（佐领）等官员子弟，众多甲兵子弟是难得有入学受教育机会的。

当时的学习内容是“教习书艺”，所谓“教习书艺”，是“满洲幼童，学习满文满语。蒙古幼童，教习满洲、蒙古书，满语、蒙古语……并教习马、步、箭”。“马、步、箭”是艺，而书是“因故明学制之旧”，即《四书》《五经》《策论》等。无论被纳入新满洲的锡伯、索伦（今鄂温克族）、达斡尔，还是蒙古，都必须学习满语满文。

由关文卿等人倡建的新城府公立满族蒙古族两级小学堂，该校吸收满族、蒙古族、锡伯族和汉族子弟入学。与此同时，在吉林省各地相继设立了中等学校，小学毕业成绩优秀的锡伯族子弟进中学就读。然而生活在达户屯、锡伯屯的一般锡伯族农民家庭子弟，入学机会特别是读高小以上的机会

吉林地区锡伯族关姓教育世家

清末，吉林、伯都讷等地相继成立官立（后又有公立和私立）初级小学堂或初高两级小学堂。有条件的锡伯族人把子女送入这些学堂读书。新城府（原伯都讷厅）公立满蒙两级小学堂就是光绪三十四年（1908）建立的，其主要倡建者即锡伯族名绅关文卿。后人曾称颂为锡伯族关姓教育世家，并载入《伯都讷文化系列丛书》。直至今日，他家已经四代，先后有13人从教。

绝少。东北沦陷后至中华人民共和国成立前，达户屯几十户锡伯族贫农家庭，只有一名子弟读完高小。

（3）当代教育

锡伯族学生广泛入学

中华人民共和国成立以后，吉林省锡伯族人的教育进入了新的阶段。党和政府扩建和新建了大量的学校，使锡伯族学生获得了广泛的受教育机会，很多锡伯族教育工作者也大显身手，投入到育人的事业之中。锡伯族教师苏文毓1925年时即先后在扶余县内几所小学任教，中华人民共和国成立后，调入县第二中学任数学教师，1959年曾以吉林省少数民族参观团团员身份赴京参加国庆十周年观礼。1961年，他被选为县人民委员会委员。1962年任第二中学（地址在三岔河镇，即今扶余一中）副校长。在党的培养下，他认真学习，努力工作，积累了丰富的教学经验，提高了办学的领导和组织能力，在全县教育界享有较高的声誉。

锡伯族人冬学扫盲

中华人民共和国成立以后，为提高锡伯族群众的文化水平，人民政府在锡伯族人居住的村屯，相继建立冬学。成立冬学委员会后，统一组织冬学扫除文盲的工作，锡伯族居住的村屯农民都参加了“扫盲”学习，每周学习12小时。到1959年，锡伯族青壮年文盲、半文盲，全部会认1500字以上，并且会读、会写、会用。

锡伯族受教育程度提高

中华人民共和国成立后，吉林省两处锡伯族聚居地达户屯和锡伯屯相继建立了小学校，1952年锡伯族适龄儿童全部入学。在锡伯屯，为了照顾当地曾习用蒙语文的特点，于1958年开始先后两次开设蒙文班。吉林省其他地方的锡伯族人民也都普遍享有受教育的权利，人口平均文化程度显著提高。

目前，三骏满族蒙古族锡伯族乡有乡级中学2所，中心小学2所，村小学8所，中心幼儿园2个。全乡中小学在岗教师307人，其中中学105人，一中60人，二中45人；小学202人，第一中心小学104人，第二中心小学98人。中小学生总数2 488人，其中中学634人，一中476人，二中158人，小学1 854人。第一中心小学1 263人，第二中心小学591人。

多年来，乡党委、政府对教育工作特别重视，把教育工作作为长远发展的奋斗目标，纳入全乡“十一五”发展整体规划，把教育工作摆在突出位置，制订了全乡教育发展远景规划。党委定期召开党委会，政府定期召开乡长办公会，研究教育工作，解决中小学校在教育教学中存在的重点问题和突出问题。比如，在改善办学条件、撤并学校、校舍维修、平安校园建设、学生减负、尊师重教等工作方面，乡党委和政府都有明确的要求和部署，舍得花钱和投入。

通过不懈的努力，全乡教育工作取得了可喜成果。全乡小学儿童入学率连续3年达到100%，巩固率达到100%，中学巩固率3年连续超过97%，升学率从2005年的93%，提高到2015年的100%。乡第一中心小学和第一中学被评为教育工作先进学校，是市级标准化学校。多名教师被评为市县教学能手和学科带头人，全乡的教育形势呈现出蒸蒸日上的可喜局面。

2010年，长春大学将三骏满族蒙古族锡伯族乡作为教学实习基地。

成人教育与培训

在抓好学校教育的同时，对成人教育和农民的培训工作也没有放松。

乡里每年都结合劳务培训、科技培训，对农民进行适用技能和农科知识的学习。2014年全乡集中培训农民3 500人，印发学习资料和宣传单1万余份。

2015年劳动和社会保障局、乡政府共培训农民5 700人，各村集中培训农民6 500人，使农民的文化素质、专业技能逐年得到提高和增强。

（4）重教助学

教育事业的发展、民族政策的落实，给锡伯族子弟提供了更为广阔的就学机会，加之成人教育事业的不断发展，使吉林省锡伯族人文化程度有了普遍的提高。为发展教育事业，很多锡伯族人参加了教育工作。1988年，在省内从教的锡伯族教育工作者63人，其中在大专院校工作的18人、在中专任教者5人、中学教师14人、小学教师15人、其他11人。

高素质的锡伯族知识分子

据调查，长春市市区锡伯族人口685名中就有高科技人员48名，占长春市市区锡伯族人口7.01%，其中有女性9人。在这些人中有正副教授18人；正副研究员6人；国家一级导演、一级演员2人；主任医师、副主任医师5人；高级讲师、高级中学教师3人；主任编导、二级作曲家2人；高级工程师8人；高级会计师、高级经济师1人；客座教授1人。

近年来，有39名锡伯族学子留居海外，分布在美国、加拿大、俄罗斯、澳大利亚、英国、德国、法国、意大利、奥地利、西班牙、比利时、韩国、日本等国家就读深造。

重教助学锡伯人

吉林省锡伯族同胞重教助学的先辈们及其代表人物有：吉林大学教授、优秀教育家、优秀翻译家韩凌；东北师范大学教授、著名世纪地质和泥炭地质专家高凤岐；长春中医药大学教授、全国著名中医文献及《黄帝内经》专家高光震；中国人民解放军农牧大学专家组国家级教授何明伍；吉林省教育学院教授关达等老一辈。还有现代代表人物：清华大学教授韩冬雪（原吉林大学教授、博士生导师）；吉林大学教授吴家祥、赵玉谦、王一丁等。长春市市区锡伯族人口中，从事高等教育的正副教授和正副研究员有24人，占长春市市区锡伯族人口的3.5%。

“东西两地锡伯情”

锡伯族女教师胡爱萍

吉林省长春市52中学原地理教师胡爱萍现任察布查尔锡伯自治县人大代表、政协副主席、县教育局教研室教研员、高级中学教师，她怀着改变锡伯族第三故乡教育面貌的决心，响应党中央支援边疆的号召，顶住各种压力，于1983年10月毅然离开优越的大城市，去贫穷落后的察布查尔锡伯自治县第一中学任教，辛勤耕耘20多个春秋。2002年，她完成参与编撰《察布查尔锡伯自治县教育志》工作，为察县教育事业做出了突出的贡献。2004年11月，她被评为新疆维吾尔自治区优秀共产党员、自治区地理教研活动先进个人，她所在的地理教研组被评为地理教研先进单位。她说：“我是一名锡伯族教育工作者，振兴民族教育是我义不容辞的神圣责任。”

2. 体育游戏

古代以来，锡伯族作为一个渔猎起家的北方少数民族在气候恶劣的自然条件下，行猎驾舟，辛勤劳作，因此需要强壮的身体来适应自然，向以强筋骨，壮体魄，吃苦耐劳，彪悍勇猛为尚，故而爱好体育活动。

锡伯族人在闲暇的时候，也需要填充娱乐游艺，所以锡伯族的传统体育项目和游戏项目有的是本民族自创的，有的是周边兄弟民族传进的，有的则是传播给周边兄弟民族，形成了你中有我，我中有你，相沿共济的和谐氛围。锡伯族人流布到吉林地区后，随着社会经济政治制度的变化，体育项目和游戏项目开展的条件和环境也发生了变化，锡伯族人仅保留了一部分传统体育项目和游戏项目。

中华人民共和国成立后，日益增新的各种现代体育项目已被锡伯族人接受，一些锡伯族人的传统运动项目如游泳、摔跤等也多被加以规范化改造成现代体育项目。一些传统式摔跤活动爱好者经正规化训练后，成为现代摔跤手。锡伯屯在前郭尔罗斯蒙古族自治县举行“那达慕”大会时，曾派有锡伯族摔跤运动员去参加，并取得较好成绩。

锡伯族的体育游戏项目有：

（1）射箭

射箭是锡伯族人在狩猎时代形成的一项特技功能和本领。射杀野兽需要准确高超的箭法，因此锡伯族人自孩童起就很重视射箭，增强和锻炼手指和臂力，熟悉射箭的要领和技巧。锡伯族迁徙到吉林地区后，无论是起兵反抗辽朝军队的镇压讨伐还是充任金兵“硬军”南征北战，无论是参加“九国之战”合攻努尔哈赤，还是编入满洲八旗耀武挥鞭，这些都离不开锡伯族官兵的参与，也离不开锡伯族人手中重要的武器——弓箭。

练习射箭

清末以后，随着枪械的流行，锡伯族人的弓箭失去了用武之地，但射箭作为一项强身健体的好项目被保持下来。

在锡伯族农村里，经常可以见到八九岁的男孩，身背用柳条扎成的小弓，手拿用柳条制作的小箭“练兵”的情形，他们或者射飞翔的麻雀，或者射在土墙上的靶环。

锡伯族老射手传授射箭技艺

过去，在比赛时使用的箭具都具有民族特色。箭靶是用马皮和毛毡制成，靶上粘蓝、黄、绿、黑、紫、红6色布环圈，红色圈是靶心。参赛的箭头呈圆锥形，上有4个小孔，箭一离弦，啸声震耳，使观者精神振奋，乐趣倍增。

（2）骑马

马与弓箭是相互离不开的伙伴。锡伯族人从科尔沁蒙古编入满洲八旗后，须知要“一马三箭”，即打马飞跑，百步之内要连中3箭，才能成为合格过硬的骑兵，可见马与弓箭的关系密不可分。

为了练习和熟悉马匹，锡伯族男孩从少年时代起就开始接触马，练骑马，长大以后就成为好骑手，能够打马如飞。锡伯族人不仅喜欢骑马，也喜欢赛马，闲时常常进行赛马活动，赛骑术，赛速度，尤其能降服烈马者被视为英雄好汉，受人崇拜与崇敬。

至今，锡伯族少年仍喜欢骑马，幼童则时常把树条或秸秆棍骑在裆下当马骑着跑，成为好骑的遗风旧习。

（3）摔跤

摔跤在锡伯族民间传入较晚，是在接触酷爱摔跤的蒙古族人后才逐渐兴

摔跤场上

起的。

锡伯族人摔跤有多种摔法。所谓支跤，是双方互相两臂搭肩支好，然后开始摔，倒地者为败，二人同时倒地则为平跤。往往连摔三跤，以决胜负；抢跤，抢后腰子是强者对弱者的摔法，强者先让弱者从后面抱住腰，然后开摔；“虎”则是一个强者同时对几个弱者的摔法。一个对几个，先站好，预备令下后几个人同时去摔一个人。人多一方即便人多也未必取胜，摔跤活动至今仍存在，尤其是锡伯族孩子们随时随地都摔，没有什么硬性的规则。

（4）打“螃蟹”

在锡伯族人眼中螃蟹这种动物总是横着行走，故给被打之物冠以“螃蟹”之名，狠狠打之，以惩戒横行者。起初，抓到螃蟹放到岸上见其横行，使用树枝、木棍打之。年轻人好热闹，常几个人抢着打，后来逐渐演变成为一种体育活动。由于螃蟹是活物，不是随时随地就能捉到，为了方便，锡伯族人就把木头锯成螃蟹大小的物件，也成为形象的“螃蟹”了。

锡伯族举行打“螃蟹”比赛，常常就在村路或广场上，在路中间画一条明显的标志线，两队人数相等，几个人对几个人都行。

打“螃蟹”比赛，比赛队员手中要拿头带弯角度的树根或弯曲的木棍，称作打“螃蟹”棒。比赛时在标志线将“螃蟹”摆好，口令一下，比赛双方用打“螃蟹”棒抢打“螃蟹”，将“螃蟹”打过对方画的底线为胜一次，一般是比3次，累计打入对方底线多的队为终胜。打“螃蟹”比赛，双方互为争抢，你来我往，笑趣横生。

2008年，吉林省长春市锡伯族在参加哈尔滨市锡伯族纪念“四·一八”活动时，组成代表队与哈尔滨市锡伯族代表队进行打“螃蟹”比赛，互有胜负，成为美谈。

（5）打球

打球玩法与打“螃蟹”玩法雷同，只不过打的是球。球是用皮革（牛、猪、羊等畜皮，无皮时也有用布的）做球皮儿，球瓤用毛（无毛则用破棉絮或乱麻）。球，拳头大小，以革皮毛瓤儿为好，革皮坚韧耐打，手抓有弹性。所用工具是球板，球板用木板做成，长1米左右，宽约10厘米，呈一头钝的斜三角形。

桌球娱乐

（6）毛球游戏

毛球游戏，毛球系用牛毛糅合而成。其玩法有数种，跑档子玩法：将人分两队，每队选一人任主持，并画出一定的活动范围，游戏时不能跑出此范围。一队退至线以北，另一队站至画线附近，两主持以特殊的方法将球抛出。球一抛出，画线以北的人争相接球，并用球击画线附近的人，若击中，被击者退场外，失去该轮游戏资格，自此，画线以北的人开始四面接球围击另一队人，直至均击出场外方止。第二轮，两队人换位置以轮玩。围攻玩法：将人分作两队，画出圆形活动圈，一队进入圈，另一队沿圆圈线站立，用毛球击圈中人，被击中者退场，失去该轮游戏资格，如此直至将其均击出场。下一轮，两队交换位置。

（7）打仗

打仗多是晚饭后天黑时玩，人多少不限，分两伙，各有指挥者。开打后各拣泥块干牛粪抛打对方，但不准用砖头瓦块之类硬物。打起仗来有“对射”、有“偷袭”，也有“冲锋”，对方退却后还要“追击”“抓俘虏”……这种玩法似乎有点儿“野蛮”，但即使被打中者头起包或破皮出血，也不能说疼，更不

锡伯族民间摔跤

能哭，否则被视为熊包，受人鄙弃，下次玩时，谁也不要；受人赞许的是勇敢顽强，不怕打不怕疼的精神。

（8）骑马打仗

骑马打仗，所谓骑“马”打仗这种游戏两人一伙，年龄小些或体轻些的一人骑在另一体壮者双肩上，打仗也不是打，而是互相推拉，想方设法把对方拉下“马”。可以两伙对打，也可以几伙混战。

（9）打瓦

打瓦，原名叫打靶，由于年久念白为打瓦。这种体育活动源起于锡伯族的狩猎时代，狩猎的工具除了弓箭外，还有大头棒和扎枪。为了让锡伯族儿童从小锻炼打靶的臂力和眼力，使他们将来成为好猎手，打瓦就在这种情况下产生了。

打瓦，大人小孩子均可以玩，多少人不限。方法是：立一块木片，也有立瓦片或砖头替代，在其一侧近7米开外画一道线，远近大家临时商量，人大则线远，人小则线近。每人手持一块木片，也可用瓦片或砖头替代，站在线前轮流掷打立着的木片（或瓦片，或砖头），打中者为胜，既练瞄准，也练臂力。

（10）踢“熊头”

踢“熊头”，这种活动源起于锡伯族人狩猎猎熊。清代，锡伯族捕到熊后，用熊的尿泡做球胆，外用皮革缝个球套，将熊的尿泡装进球套，用嘴将尿泡吹足气，扎住口，把球缝好，就可以进行比赛了。

踢“熊头”的方法：人数不限，可多可少，人们把用熊尿泡制作的球称名叫“熊头”。可以往高踢，不准往远踢。“熊头”踢起来后，不准落地，谁没有接好下落的“熊头”，落到地面上，谁就算输了1次，由输者重新发球、踢高。谁把“熊头”踢得最高，谁就是优胜者。

踢“熊头”比赛都是在冬季，特别是正月里玩的人最多。“熊头”不但可以踢，也可以用头顶，用胳膊肘子顶，花样很丰富，有鲤鱼打挺式、浪子翻身式、倒踢紫金冠式等。这种比赛活动练头脑反应，练腿力，也练手、脚灵活。清末以后，熊少了，人们多用猪的尿泡做“熊头”内胆，叫法仍叫踢“熊头”，而不叫踢猪头。

3. 锡伯族村屯的体育活动

吉林省锡伯族人除了参与传统体育以外，在锡伯族村屯居住的锡伯族人和兄弟民族一起经常参加一些比较正规的体育赛事活动。如前郭尔罗斯蒙古族自治县锡伯屯锡伯族人关代来，1956年以后参加前郭尔罗斯蒙古族自治县那达慕摔跤比赛，进入名次，奖励羊只和衣服。再如扶余县达户村锡伯族人佟柏春，1990年在陶赖沼举行的扶余县少数民族传统运动会上，荣获百米短跑第二名，张中同获摔跤比赛第三名，达户村获篮球比赛第三名。

象棋对弈

吉林省锡伯族村屯居住的锡伯族人还常年坚持体育锻炼活动。如前郭尔罗斯蒙古族自治县村屯1987年全屯参加体育锻炼人数为2 000人。1998年全屯参加体育锻炼人数增到2 500人。从2000年起，锡伯屯村组成的秧歌队每年人数达到100人，每年表演10场之多，既锻炼身体又自得其乐。

四、医疗卫生

1. 卫生习惯

锡伯族在漫长的历史发展过程中，逐渐形成了一系列的卫生习俗。如在个人卫生方面，他们买不起肥皂，就滤灰水或接雨水洗衣服、被褥，也有用碱水的，也可以洗得很干净透亮。为了下次好洗，他们总是喜欢把被褥用淀粉或米汤浆洗，然后捶得非常平整光滑，这样，再洗时，淀粉脱落，就把脏东西带下去。夏天人们常到河里或泡子里去洗澡，男人白天洗，妇女晚上天黑后结伙去洗。冬天则在家烧水擦身子，脚是要天天洗的。没有香皂，他们就用自己做的“猪胰子”洗脸，即在杀猪时用猪的胰腺加上碱等，放在一起捣烂拌匀，然后揉成拳头大的团儿，晒干后就可以用来洗脸了。不但干净而且能使皮肤光滑细腻。衣服上发现了虱子，就用开水烫或煮。饮食上也是很讲究卫生，锅、碗、瓢、盆和生米蔬菜都要淘洗得干干净净，有时还用开水煮碗筷。

洗“摆头”

妇女洗头冬天用酸菜水，夏天用淘米水。洗头时，把干净的酸菜水或淘米水烧开后使用，然后再用清水冲洗干净，叫“摆头”。这样洗出来的头发既干净光滑，又乌黑发亮，而且有利于头发生长。

讲究卫生离不开水，锡伯族居住的地区，水源都很充足，这便成了锡伯族人讲究卫生的有利条件。锡伯族妇女，总爱把自己收拾得干干净净利利索索的。锡伯族中流传着一句老话，叫“笑破不笑补”，衣服破，有人笑话，补好了，就没人笑话了。无论衣服打多少补丁，只要整齐干净，就不会被别人笑话，所以男人们很少有蓬头垢面、破衣烂衫“出门儿”。病畜病禽的肉人们是不吃的，偶有死因不明的畜、禽，他们要验看血色，色乌者不食，色鲜者可食，但要长时间蒸煮。

锡伯族人喜欢整洁的风气还表现在环境卫生上。每天早晨妇女都要把箱、柜、桌、椅、炕沿等擦得干干净净，屋地一天要扫多次。院子也经常打扫。男子早起要做的第一件事就是打扫院子，然后再干其他活儿。一年还有几次大的扫除，春天开窗户时要大清扫一次，因冬天窗户关得严严的，而且还要糊上窗缝，过去没有玻璃的时候，窗上糊纸，经过一冬天，会积攒一些灰尘，而冬天封闭太严不便于大扫除。天暖后，前后窗一起打开，室内空气流通，灰尘可随时被风吹出去，所以要把室内各个角落彻底打扫一次。入伏后，要选晴

吉林锡伯屯锡伯族一家三代人

天把所有的衣服、被褥、鞋帽等统统拿到外面晾晒，以防发霉。初冬糊窗户缝前也要彻底清扫一次，以备过冬。最隆重的一次是腊月二十三左右的“扫尘”，这是一次为迎接新年的清扫，所以不仅从上到下彻底扫除灰尘，还要把烛台、香碗等祭品、柜箱上的铜钱和锅碗瓢盆等擦得锃亮。

夏夜喜欢在外乘凉，乘凉时往往拢一堆火，上面压上青蒿和青草，使之冒出浓烟，用来熏蚊虫。过去没有纱窗的时候，临睡前在室内熏一次，把蚊虫熏出去后关窗睡觉。晚上临睡前在炕沿根撒上一溜草木灰，用来防跳蚤。

2. 疾病防治与医疗

疾病防治

锡伯族人在防治疾病方面也有不少好办法。如农历五月五日，每年端午节这一天，家家都要一清早出去采艾蒿和防风，采回后阴干，存放起来常年备用，一旦有风湿、风疹、湿疹等病，用艾蒿或防风煮水一熏就好。

采艾蒿和防风

采艾蒿和防风，必须五月初五这天太阳出来之前采回来，据说只有不见太阳并且带露水的才好使，采回后还要在房檐上插上艾蒿，妇女在头上，男人在衣服上各插一枝，象征着祛病消灾。

土方验方

过去医疗条件较差，缺医少药，锡伯族村屯既无医疗机构也无医务人员。有病要到十几里以至几十里以外的地方去请中医或抓药，而大多数人家又请不起大夫，抓不起药，在这种恶劣的条件下，为了生存下去，他们在生活的实践中探索，因地制宜，充分利用大自然所提供的条件，总结出许多治病的土方。比如用防风、艾蒿治风湿、湿疹，用麻雀的脑子或冬青治冻疮，用狼油或獾子油治烫伤，用不加盐的煎鸡蛋治扁桃腺炎，用红糖、高粱、葱须、姜片一起煮水治伤风感冒，白矾放入鸡蛋里烧熟吃治肠炎、痢疾，猪心加朱砂煮后吃治心脏病等等。再配以扎针、放血、拔火罐子等，一般的病真的可以治好。当然急重病或疑难症靠这些土方是解决不了的，还需去请大夫。

民间疗法

长期以来，在锡伯族地区流行着民间疗法，很多疾病都用土办法治疗，有的疗法简便易行，非常有效。

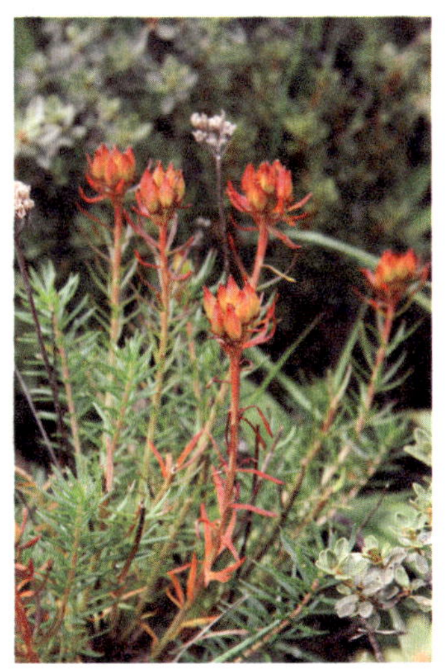
红景天

接骨。骨折，民间医生用传统办法可以治好。有的接骨高手，看病不用别的器材，只是用手抚摸患处，完全靠触觉来诊断。一般骨折、扭伤，可谓手到病除。严重骨折往往被高度重视，先抚摸患处诊断病情，涂抹消炎剂，并慢慢把伤骨推拿、拉、揉使之复原，然后用夹板固定起来，以后定期进行检查，一两个月后再拆夹板。

扎针。扎针分许多种，主要有刺针、火针、挑针、轻刺。刺针和挑针适用于“哈纳”的病。此症主要是吃冷食、空腹喝凉水等凉性因素引起的，其症状是恶心、呕吐、头痛、出虚汗（初期发冷、出虚汗，后期发高烧）等，与胃痉挛、急腹症等出现的症状相似。该病如果不及时治疗，就会发生生命危险。在民间，人们只要发现这种症状，先找民间扎针手扎针，然后才找医生。刺针和挑针的方法：如果病情不太严重，先给手指尖和胳膊静脉上刺针。如果病情不见好转，就要让病人脱去上衣，在前胸和后背上进行检查，如果上面有红点、紫点，就用粗针在红点、紫点上挑，有的扎火针，男的主要挑后背，女的主要挑前胸和肚子中间（剑突下）。患者接受治疗以后，有许多禁忌，如不能吃冷食，不能躺在毛织品上，不能裸露身子，须躺在热炕上等。

火针

主要治疗顽固性疼痛、风湿等病。一般用银针。进针有一定的尺寸，尺寸由在针柄上缠上布条或丝线来掌握。扎针时在清油灯或酒精灯上将针烤到一定温度后，立即扎患处或穴位，这样连续扎十天半个月，一般都有良好的效果。

土法治疗脑震荡。锡伯族对脑震荡的治疗非常奇特：领病人到跌倒碰脑的地方，一看地形情况，二要了解跌倒时的方向、姿势，用一块宽10厘米左右，长一米左右的布，在病人头上缠一圈并把两头结起来，这样缠的部分紧贴在头上“结头”，部分向外延伸十几厘米，然后用擀面杖把出头的部分，根据跌倒的情况向四面反复轻轻捶打。打几下以后，病情自然就会减轻。

拔火罐。锡伯族拔火罐多用于感冒、风湿疼、顽固性肌肉疼等病。过去，无论男女老少，一旦感冒就要拔火罐，并让其捂被出汗，从来不求医生。火罐是锡伯族老人经常使用的治疗器具。

土法消炎消肿。锡伯族人消炎用的都是凉性物品，如牛粪、生蛇肉末、蛇油等。此外，还有用热性物品敷治凉性疾病的，例如：用阳光烤热的石头敷小肚子治腹疼病，烤肛门治痔疮；用火烤热的沙子敷关节炎等。

土法治疗乳腺炎。乳腺炎是哺乳妇女常见的病，历史上锡伯族没有求医开刀治乳腺炎的。其疗法为：用木梳子慢慢梳乳房瘀块，使之慢慢畅通。

3. 锡伯族村屯的医疗设施

改革开放以来，各锡伯族村的医疗卫生条件有了很大的改善。西达户锡伯族村，虽没有设立卫生所，但有1名有行医执照的医生为村民诊治。

2015年，随着党和政府对农村医疗卫生的重视，锡伯族人分布较多的东达户锡伯族村和西达户锡伯族村都设立了村卫生室。有诊室、治疗室、药房，能为本村农户提供基本的基础卫生医疗服务，做到小病不出村，大病能做简单处理。锡伯屯村因位于吉拉吐乡政府所在地，有乡卫生院，医疗卫生条件更好一些。

1990年，吉拉吐乡卫生院面积300平方米，8间房。医务人员12人，其中医师7人，护士5人。医疗设备X光等2台套。2010年，吉拉吐乡卫生院面积917平方米，30间房。医务人员23人，其中医师16人，护士7人。医疗设备X光等1台套。参加医疗保险5 168户，17 683人。2015年，吉拉吐乡卫生院面积917平方米，30间房。医务人员23人，其中医师16人，护士7人。医疗设备X光等3台套。参加医疗保险4 225户，15 250人。

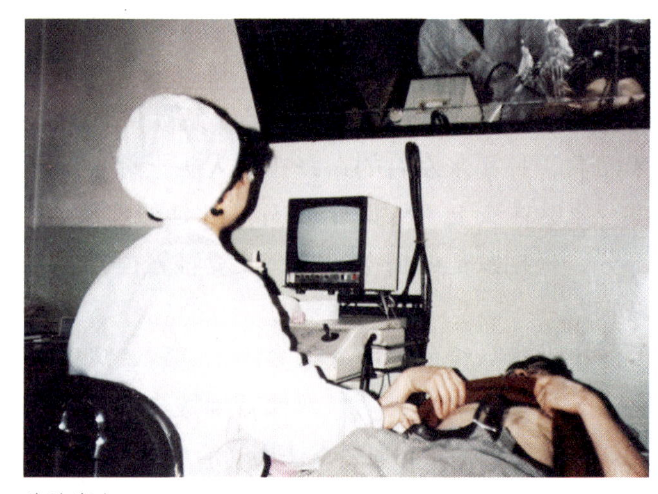

诊治病人

吉林省各锡伯族村还积极参加爱国卫生运动，如：2009年8月31日，吉拉吐乡政府按照全乡夏季爱国卫生运动责任制八项标准进行检查，锡伯屯村在全乡8个村中评比第一。

4. 锡伯族佟氏仁德堂

（1）锡伯族佟氏仁德堂的创立

锡伯族佟氏先祖图克色里·苏隆阿，生于清嘉庆十四年（1809）农历三月十八日，自幼习文习武，官位骁骑校，擅长外科医道，曾拜清代医学大师吴尚先为师。

佟氏锡伯族先祖图克色里·苏隆阿于清道光十九年（1839）农历仲秋九月九日在盛京（沈阳）创立了佟氏锡医外科“仁德堂”。

1931年日本侵略者悍然在沈阳北大营发动了震惊中外的九一八事变，东北三省随即沦为日本帝国主义的殖民地，饱受亡国之痛的佟氏锡医仁德堂第三、四代传人佟焕、书麟因不满日伪政权的黑暗统治，于1939年6月27日上午9点18分，在沈阳（盛京）城内自行摘下仁德堂牌匾就地焚烧，表现出誓死不当亡国奴，不为日伪汉奸疗疾治伤的大义凛然的民族气节，毅然携家眷迁回沈阳祖籍故里务农。之后，将医书医案传留给后代，为完善锡伯民族医药学基础理论和总结前人的医疗实践成果奠定了基础。

（2）锡伯佟氏仁德堂的医疗理念

锡伯族佟氏仁德堂以“厚德载物，医道承天”为指导思想，传承了锡伯民族固有的“仁德”医药文化思想。佟氏仁德堂的堂训集中体现了锡伯族医药文化这一基本特征。如“德信、仁爱、业精”“行医者仁德至上”“以仁载道，以德待人”“仁者得寿，德者得安”。佟氏锡医仁德堂以“慈心济世，悬壶救人”为宗旨，以“敬修仁德”为根本，以“丸散膏丹悬壶百病除，针灸推拿济世万家康”为医术和目的，相传至今长达170多年之久。

（3）锡伯佟氏仁德堂在吉林的传人

锡伯佟氏仁德堂在吉林省第六代传人是佟咸亨，该人已故。锡伯佟氏仁德堂在吉林省第七代传人是佟靖飞。2009年9月锡伯佟氏仁德堂第七代传人佟靖飞及其弟子们创办了吉林省民俗学会锡伯族医药文化遗产研究中心和“长春市佟氏仁德堂锡伯族医药文化研究所”，之后又注册了“长春市锡伯仁

长春市锡伯仁德堂佟氏药业有限公司

德堂佟氏药业有限公司”。

大连医科大学锡伯族医药文化遗产考察团曾于2014年7月20日至21日，来到坐落在长春市绿园区泰来街星宇花园内的锡伯医药文化研究所、净月高新区吉林省锡伯族新兴文化产业合作项目研发基地、吉林省锡伯贡文化科技有限公司进行参观考察。

第七章 杰出人物及其重要活动

1. 吉林省原代省长——诚允

诚允

诚允，字执中。1882年生于奉天省（今辽宁省）辽阳县（今辽阳市）水泉村。先世为锡伯族，本姓瓜尔佳，汉译为关，诚允在吉林省近代史上是担任官职最高的锡伯族人，为正省级别。

诚允因曾为官清朝，按满俗凡为官者均以名为姓遂被称为诚允。民国末复本姓。家人也均以诚为姓。诚允家兄弟3人，父为自耕农，当时令长次二子读书，三子随父务农。诚允公行三，本应务农。但其二哥不喜欢读书，经常逃学受父亲责打，诚允遂请求其父准其代二哥读书。1907年考入奉天法政学堂，学习法律，1910年毕业，参加全国法官考试，考得最优等第一名，遂被派往锦州法院任推事职务。1913年被调往吉林高等审判庭，升任民庭庭长，见称于侪辈，1921年升任该厅厅长。为官期间廉洁奉公，公正不阿，无过多家产，无当时官场恶习。

1926年东北各省行军民分治，督军不得兼任省长，诚允遂被调任吉林省民政厅长兼代省长。1931年日本发动九一八事变，侵华日军逼近吉林省会，省城军政高层均言无力抗敌，主张投降。诚允力排众议，斥责投降可耻，会后立即潜离吉林省城，辗转至哈尔滨组织抗日政府，与日军抗战，这是在当时唯一得到东北当局及南京中央政府承认的抗日政权。与敌对抗年余，日军曾悬赏万元购诚允头颅，终以我方后援不济，财力枯竭，于1931年化装逃至北平（今北京）。拟在北平参加热河战役，但到达热河时，该处守将汤玉麟已经撤兵，无功而返。

1932年至南京述职，被任命为军事委员会参议蒙藏委员会会员。1934年被特任为护送班禅回藏专使，后辞职。

诚允后因身患痁疾病故，其一生光明磊落，值得人们敬仰和怀念。

2. 抗日先锋战士——关俊彦

宣统二年（1910）七月，关俊彦应吉林省延边初等农业学校邀请，到延边办学。1913年，他到延吉县龙井村小学校任校长。1915年，日本帝国主义者炮制“二十一条”，妄图并吞中国。关俊彦等人联合延边各县农工商界人士，反对袁世凯同日本签订“二十一条”卖国条约，举行示威游行。1916年，他又参与通电声讨袁世凯的“洪宪帝制”，配合了全国的反袁斗争。1919年3月14日至4月2日，他参加了声援朝鲜反日民族独立运动。1920年朝鲜爱国志士在龙井村日本总领事馆举行示威游行，日本警察进行大逮捕。在这严峻时刻，他挺身而出，掩护被追捕的朝鲜爱国青年脱险出境。1924年12月，他任和龙县教育局局长，为了维护主权，伸张正义，他组织了话剧义演和募捐，购买印刷机，创办《民声报》，关俊彦被选为《民声报》常委。他以和龙县教育局长、《民声报》常委的双重身份领导社务。1928年10月上旬，日本当局提出修筑“满蒙五路”的无理要求。消息传出后，延边人民首先起来反抗。从10月15日起，延边四县（延吉、和龙、汪清、珲春）各团体组成“反日护路联合会”并推举关俊彦等人为代表，赴吉林、奉天请愿。1929年以后，奉系军阀和日本侵略者加紧对东北人民反日爱国运动进行镇

前排左起：克西春、关俊彦
后排左起：多林、惠昌

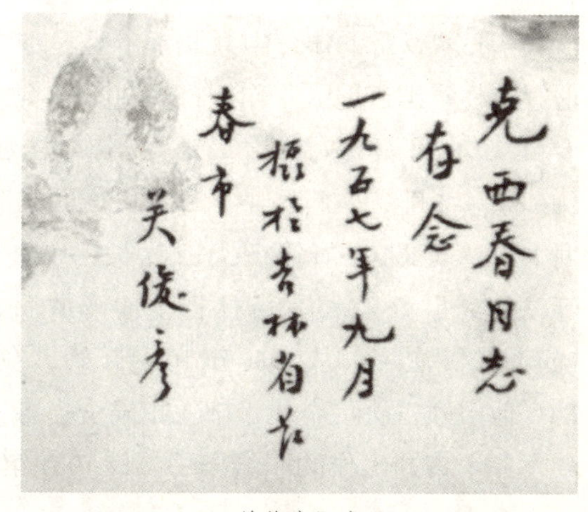

关俊彦题字

1959年，傅惠兰学习结业后与丈夫赵福庆拜见关俊彦(中)副省长，受到热情招待并合影留念

压，关俊彦先后掩护刘建章、赵志刚等20余名中共党员和革命者撤离延边。1932年，他离开延边到北平。同年5月，经同乡举荐，出任山西省建设厅秘书兼视察员。

1936年春，他同董昆一、周巩璋通过各种关系，把被捕的中共党员王志杰、王吉人、李延年等人营救出狱。同年6月，他返回北平，于8月加入中国共产党。入党后，他到甘肃省平凉专员公署任秘书，并在东北军的军政人员中秘密开展“团结抗日”的工作。同年10月，中国工农红军三大主力会师后，一些零星小部队被国民党六十七军截留，交专员公署看管。关俊彦随收随放，达数百人。后因此被解职。

1937年3月，他返回北平，遂即接受组织派遣，打入伪冀东自治政府教科书编辑部任副主任。1942年7月，因叛徒出卖，关俊彦等20余人相继被捕，被判刑3年。1944年10月10日，汪伪政权为了笼络人心，实行大赦，他和其他战友同时出狱。

1945年9月下旬，中共北平市委经审查批准恢复了关俊彦的党籍，并派他赴吉林省延边地区工作。11月20日，延边行政督察专员公署成立，他就任专员，发表了延边行政督察专员公署《告延边同胞书》，公布了“彻底肃清日伪残余和土匪，实行民主平等和民族团结”为内容的十大施政方针。同年12月27日，他调吉林省民政厅任厅长。1948年6月17日，他奉命组建吉林省高等法院，并任院长。吉林省全境解放后，他协助省委积极筹建各县、市（旗）人民法院。从1950年10月开始，在全国范围内开展了镇压反革命运动。他率领省法院全体干部，指导全省各地人民法院投入“镇反”斗争，充分发挥了审判工作的职能作用。仅1951年6月至9月就依法惩办反革命罪犯4000余人。

在“三反”“五反”运动中，他领导全省法院系统依照国家法律，严惩了一批蜕化变质的贪污分子和不法资产阶级分子，严肃了国家法纪，保护了人民的财产。1955年后，他任吉林省人民政府副主席、副省长，政协吉林省第三届委员会副主席等职。期间，他一方面担任政府的领导工作；一方面又积极从事党的统一战线工作。他曾担任过中国民主同盟东北总支部委员，民盟吉长支部主任委员等职。

3. 抗日联军里的女政委——关碧云

关碧云

关碧云（原名关玉梅，后改李芳），1927年春加入中国共产主义青年团，从此沈阳人民反帝反封建的队伍中又增加了一名锡伯族女战士。

1928年7月，在中共满洲省委领导下，共青团满洲省委成立，关碧云丈夫陶惠鸣被选为团省委组织委员，当时陶惠鸣、关碧云夫妇住在工业区，因省委秘密机关就设在他们家里，陶惠鸣担负领导全东北青年工作重任，关碧云则受组织委托，以家庭妇女身份掩护机关、掩护同志。

经过斗争的锻炼和考验，1930年5月关碧云被吸收入党。同年夏，因在沈已不便于工作，与陶惠鸣一起被派往营口工作。年底又被派往满洲里国际交通站，和站负责人季中发扮假夫妻，以开“晋丰泰”杂货铺为名，从事党的秘密交通工作。

1934年5月，组织送关碧云同志去莫斯科“东方大学”深造，学习二年后于1936年被派回国，到抗日联军二军工作，军长周保中同志亲自安排她到二师四团任政委。

1936年12月，她随二师政委王润成同志到苏联找中共代表团请示工作。到苏联后，被苏联政府误会以“日寇侦探嫌疑”为名，由内务部逮捕冤狱5年。出狱后在苏联当工人。1954年回国，1957年经北京市委组织部审查后恢复了党籍，并安排到吉林省蛟河煤矿医院监委工作。后来又被下放到托儿所担任保育员，后又被调到舒兰矿务局搞肃反工作。1959年被任命为舒兰矿务局工会副主席。1963年因病离职休养，1982年办理离休。

4. 解放战争中的杰出指挥员——关靖寰

关靖寰

关靖寰，又名关文英，生于奉天省（今辽宁省）沈阳市沈北新区尹家乡小营子村。

1941年关靖寰担任东北军第57军111师333旅666团团长。1942年8月3日在常恩多师长指挥下，与万毅、郭维成等共同率111师在山东省莒南县十字路纸坊村起义。

1948年10月，关靖寰任中国人民解放军东北军区整训三师师长。在东北解放战争中，关靖寰率部参加了辽沈战役。

1950年7月，关靖寰任东北军区后勤部参谋长。同年10月抗美援朝战争爆发。美国的飞机狂轰滥炸使公路、铁路、桥梁遭受严重破坏，后勤运输供应跟不上，影响入朝前方部队的推进。1951年春，周恩来总理亲自主持前方后勤工作会议，会议决定正式成立辑安口岸东北军区后勤部辑安办事处，由关靖寰任站长，任务是保证运输和前方物资供应。1951年3月关靖寰正式任中国人民志愿军辑安办事处主任。他到任后，提出“建成一条打不烂、炸不断的钢铁运输线”的战斗口号，调集工兵抢修炸断的公路、铁路、桥梁，组织人力，协调物资供应，抢运救治伤员，从根本上扭转了战争爆发初期辑安口岸混乱局面，有力支援了前线，保障了抗美援朝战争的胜利。

1954年9月初关靖寰任中国人民解放军东北军区吉林军分区副司令员。1955年4月，任中国人民解放军沈阳军区吉林省军区副司令员兼参谋长、省军区党委常委。同时从1955年2月起，任吉林省人民委员会委员。

1958年4月，关靖寰从部队转业到吉林省政府机关工作，任吉林省水利厅厅长、党组书记。到任后，组织召开吉林省水利工作会议，确定重点兴建石头口门、星星哨、新立城、海龙、亮甲山、太平池、察尔森等8座水库，扩建二龙山水库。当年就有6座水库开工。1959年9月，在鸭绿江中游，中朝共建的云峰水库亦开工。在吉林省境内包括大中水库建设、江河开发、防汛抗旱、水土保持等各项水利建设出现蓬勃发展新局面。此阶段是新中国成立后吉林省水利事业发展最快时期，奠定了吉林省水利工程建设的基础。1964年2月任吉林省林业厅厅长、党组书记。他为了建设吉林省人民的美好家园，跋山涉水，深入水利工地、原始森林，与当地各族干部、工人、农民群众精心描绘吉林省治水兴林的美好蓝图。他的足迹遍布了全省境内的湖泊山川、江河水库、森林草场，到处都留下了他的身影。

关靖寰在“文革”浩劫中，遭受了残酷的迫害。在逆境中，他仍然关心吉林省的建设事业的发展，使身边的同志备受教育和鼓舞。他虽遭诬陷，但始终对共产主义信念坚定不移，保持了共产党员坚持真理、纠正错误、坚贞不屈的崇高的思想品格。1979年3月5日，中共吉林省委、省革命委员会召开省直机关平反大会，落实了干部政策，为关靖寰同志彻底平反了冤案错案。

1981年1月起，关靖寰先后担任吉林省人民代表大会常务委员会委员、政协吉林省委员会委员、吉林省林业厅顾问等，积极为谋划吉林省的各项现代化建设事业的宏伟蓝图建言献策。在晚年病重、双目失明的情况下，仍克服重重困难，积极为我党我军编纂军史、党史。

关靖寰在全军第一次实行军衔制的时候，就被授予陆军大校军衔，荣获了国家二级独立自由勋章、国家二级解放勋章。

5. 奔走东北解放区的税政科长——佟咸亨

佟咸亨（1923—1995），本民族名图克巴里·伊吉斯浑，生于辽宁省沈阳市。1948年11月6日参加革命，中共党员、民盟会员。

中华人民共和国成立前，他在东北人民政府税务总局工作期间曾多次冒着生命危险，到黑龙江省齐齐哈尔、佳木斯、牡丹江、阿城、双城及吉林省榆树、扶余（今松原市）等革命根据地，为东北人民政府收税。新中国成立后，曾任东北税务总局科员、一等科员、税政三科代理科长、科长等职。参与了我国第一部《税法》的起草工作。

1949年初，佟咸亨经东北局机关党组织的动员和指派加入了中国民主同盟。

佟咸亨

1954年5月，佟咸亨调到吉林省税务局工作。当时，锡伯族革命老前辈关俊彦任吉林省人民政府副省长、省政协副主席，中国民主同盟东北总支部委员，民盟吉、长支部主任委员等职。关俊彦副省长因工作关系结识了佟咸亨同志，于1957年3月将其调入民盟吉林省委员会组织部任干事、秘书、副部长等职务。

1959年6月，吉林省政协关俊彦副主席与佟咸亨商议，为庆祝新中国成立10周年拟将全省锡伯族的情况作一下调查，请他在工作之余挤出时间前往吉林省白城地区的扶余、前郭尔罗斯和通化、四平等地了解锡伯族人民的生产和生活情况。佟咸亨历经3个月时间，于1959年9月写出了1.7万字的《吉林省锡伯族简介》，全文共分概述、历次政治运动中的锡伯族人民、各项生产的迅速发展、文教卫生事业的蓬勃发展和风俗习惯与宗教信仰等五部分，是新中国建立初期较早的也是较为翔实的锡伯民族史料。

1969年12月—1978年7月，佟咸亨到吉林省舒兰县插队落户，走“五七”道路。先后任舒兰县朝阳公社“五七”连连长、舒兰县吉舒镇税务所所长、吉舒税务分局局长、舒兰县税务局副局长。1978年7月，落实党的干部政策，拨乱反正，佟咸亨重新回到民盟吉林省委组织部副部长、部长的工作岗位上。

1983年12月23日，佟咸亨代表民盟吉林省委出席全国民盟第五次代表大会，受到邓小平、李先念、杨尚昆等党和国家领导人的亲切接见。

他在工作之余，关心锡伯族工作。他和关鹤春、关鹤枫、赤云、关纯共同努力，于1983年5月在长春市民委召开了首次“四·一八”怀亲节锡伯族同胞座谈会。他与吉林省和长春市锡伯族同胞共同接待了辽宁、新疆、北京等地的锡伯族代表团和来访的锡伯族同胞。1989年10月，他与锡伯族代表人物共同倡议，并在长春市民委的支持下，经长春市政府批准于同年12月宣告成立了长春市锡伯族联谊会。当长春市锡伯族联谊会工作出现分歧矛盾之际，他不顾年迈，以书面形式提出建议，化解矛盾，增强团结，顾全大局。1991—1994年，佟咸亨参与《吉林省锡伯族志》的编纂工作，为吉林省锡伯族历史文化建设做出了自己的贡献。

佟咸亨在暮年之时，留下遗言，警示后人："做人做事，要腰杆挺直，手脚干净。亏谁，不要亏待老百姓。让历史事实来证明自己的人生是对的，是好的。"这也是他自己人生的写照。

6. 为党挑重担青史留长春——傅雨田

傅雨田

傅雨田，1930年夏加入中国共产主义青年团。1934年1月转为中国共产党党员。1941年春，傅雨田赴延安，先后在军政学院和中央党校一部学习。1943年调中央党校二部工作，任秘书科长、组教科长。抗日战争胜利后，傅雨田随大批干部到东北工作，先后任中共辽宁省新民县委书记、新民中心县委书记，为巩固东北根据地、支援全国解放战争和建立新中国做出了积极的贡献。

中华人民共和国成立前夕和建国初期，傅雨田先后任辽西省委秘书长、省委副书记。在此期间，主持过辽西省委党校工作，担任土改工作团团长兼任省总工会主席。1952年7月至1955年12月，任中共中央东北局直属长春市委书记兼市长。他按照党的工作重心从农村转到城市的要求，倾注心血、智慧和胆识，为医治战争创伤，巩固新生政权，开展大规模的经济建设，进行了富有成效的工作。

在国家"一五"计划156个重点项目建设时期，领导和指挥了长春第一汽车制造厂等一批重点项目的建设，亲自担任一汽项目的指挥长。他是我党较早熟悉城市工作和现代工业建设的领导干部之一。1956年1月至1958年9月，傅雨田担任国家城市建设总局副局长、中央城市建设部部长助理。离休前，他担任江西省政府副省长。

7. 抗日战争、解放战争时期的文艺尖兵——关鹤童

关鹤童（前排左三）

关鹤童在抗日初进入鲁艺学习时期，就热爱民族、民间音乐，他参加“河防将士慰问团”慰问前方将士，在绥德、米脂县收集整理了许多民歌，如现在国家通常采用的“哀乐”组成的旋律就是由他参加收集的。关鹤童同志积极参加《黄河大合唱》的多次演出，显现了他以后成为一位出色的音乐家的才能。他还注意鲁艺的组织建设，著名的音乐家冼星海同志就是在关鹤童直接帮助下加入中国共产党的。

关鹤童在延安时期曾与安波、马可、刘炽、张鲁等同志一道深入农民群众中收集整理了大量民歌，为发掘和发展我国民族音乐提供了极宝贵的资料，关鹤童和上述提到的几位同志在延安被群众誉为“安、马、关、刘、张五人团”，赞美他们为收集整理民族音乐所做的贡献。“五人团”在吕骥同志直接指导并在冼星海影响下，成立和参加了“民歌研究会”，1941年改名为“中国民间音乐研究会”，收集了西北大量的民歌，并在这个基础上创造了大批革命歌曲，如《七月里在边区》《民歌风联唱》《大夯歌》《东北徒儿》《黄河几道弯》《运盐小调》《黄河风小调》等曾在部队和西北民间流行，为群众喜闻乐见，贺龙同志对他们的成功表示赞赏。他们这些开创性的成就，为今后民族音乐的发展，很早就做出了贡献，多次被评为模范学员、模范干部和先进工作者。

1945年“八·一五”抗战胜利后，关鹤童满腔热忱地响应党中央开辟和加强东北解放区的号召，告别了心爱的艺术事业，踏上了新的征程。1947年

任中共珲春县区土改工作队长、区委书记、县委宣传部部长，中共吉林市德胜区区委书记兼区长，市劳动局局长，市计委秘书长。1953年任吉林市副市长兼政协副主席，他在社会主义改造与建设中，发动群众，团结各方面人士，积极实现全行业公私合营；带领干部深入农村、渔场，从财务、物资供应、人力各方面，全力支援国家重点项目的建设；积极改善群众生活供应，关心干部疾苦，同知识分子保持着十分友好融洽的关系。

从吉林来北京参加全国音协活动和组建中国音乐学院时，看到音乐界组织工作的困难，他情愿回音乐界做后勤工作。

1975年11月，由于中央领导的干预，他终于又回到中央音乐学院的领导岗位上，任中央音乐学院副院长、党委副书记。

1978年，关鹤童在文化部艺术局工作期间，组织领导了全国舞蹈调演和参加少数民族舞蹈调演的组织工作。关鹤童是一个富于开拓精神的文化事业建设者，他善于白手起家，并着眼于未来。1981年，他接受党组的委托，组建少年儿童文化艺术委员会，担任少年儿童文化艺术司司长。1982年关鹤童被调到文化部民族文化司担任司长，他深入基层发现先进的民族文化典型，在延边朝鲜族自治州召开了全国少数民族文化工作会议，又举行了全国乌兰牧骑调演，大大推动了民族地区文化事业的发展。

关鹤童身为锡伯族人，对民族有着深厚的感情，在本民族中享有很高的威望，每年在民族节日中，都积极组织本民族同胞参加热爱党、热爱社会主义祖国的联谊活动。对锡伯族族史的研究，也倾注了他的心血，曾写出有分量的关于锡伯族源的学术论文，发表在《满族研究》杂志上。

8. 著名中医文献学家——高光震

长春中医药大学教授、中医研究员，全国著名中医文献学家、《黄帝内经》专家高光震40余年来坚持不懈研学中医，致力于中医文献学、中医版本学、中医古籍整理等学术领域的专门研究，取得累累硕果。他主编了《内难经选释》《吉林省名老中医经验选编》《黄帝内经素问析义》《黄帝内经灵枢析义》《苏氏秘方集成》《难病中医治验》等书，在国内外重要刊物上发表论文80余篇。他为我国和国际方面中医研究工作积累可资借鉴的理论与实验依

高光震

据，做出了重大贡献。在他从事编辑业务期间，还注重抓编辑队伍建设，着重培养编辑骨干队伍，形成合理的编辑人才梯队，确保了编辑队伍的专业化、稳定性，为《吉林中医药》杂志编辑部发展培养了后备人才。

“古籍研究有硕果，夕阳日照有华年。”退休后，他并未赋闲在家，而是继续从事着繁忙的中医古籍整理研究工作。他精心主编三部巨著，《汉英双解中医大辞典》《东医宝鉴校释》（韩中英）、《东洋医学常用大辞典》为国内外中医古籍研究增添了具有较高学术价值的力著。

9. 从列宁格勒归国的学士——韩凌

韩凌在青少年时期，正是日伪统治肆虐东北的黑暗年代，日本帝国主义的种种倒行逆施，在他心灵里埋下了仇恨的种子。他积极追求真理，向往革命。早在小学时期，他就开始参加了当时的地下进步组织的抗日活动。1943年，他考入当时双城县国民高等学校（即后来的兆麟中学），在此期间，他积极接近地下党组织，并在党员教师和高年级进步同学的影响下，参加了共产党的外围组织。1945年光复之后，原来处于地下状态的共产党和国民党势力之间的矛盾开始公开化，他也正是在这个时期毅然投笔从戎，成为东北民主联军（即第四野战军）的一名15岁的少年战士，并跟随部队先后参加了三下江南、四保临江和四平保卫战等重要战役，在战场上经历了血与火的考验。1946年，原在延安的抗日军政大学和陕北公学部分学员为开辟东北根据地，迁往哈尔滨，并成立了东北行政学院（即吉林

韩凌

大学的前身），他即被部队保送到该校行政系学习，毕业后留校任干事，参加了东北行政学院的扩建工作，并在这个时期先后加入了中国共产主义青年团和中国共产党。1950年，他被党组织选送到刚刚成立的中国人民大学学习，毕业后又被国家选送到苏联列宁格勒大学留学深造。1958年学成回国后，根据本人的要求，他回到自己的母校——吉林大学任教。

韩凌是我党在中华人民共和国成立后自己培养出来的少数民族优秀的知识分子，他忠诚党的教育事业，为学校的教育事业和学科建设发展做出了重要的贡献。他曾先后担任外文系党支部书记、中文系外国文学教研室主任、中文系代系主任等职务，并在教学岗位上晋升为讲师、副教授和教授。在教学岗位上，他恪尽职守，辛勤育人，为培养我国的外国文学方面的教学和研究人才做出了卓越的贡献。他培养出的很多学生，活跃在我国的外事、教育和军队部门，成为国家建设的骨干力量。他不仅是我国文学界知名的文艺理论家、优秀的教育家，同时还是一个优秀的翻译家。他先后在人民文学出版社翻译出版了许多脍炙人口的文学评论作品，如《车尔尼雪夫斯基评传》《屠格涅夫评传》《普列汉诺夫论文学》《沃罗夫斯基论文学》等作品，这些作品在国内外国文学的学术界产生了重要的影响。20世纪60年代中期，他从学校被借调到中共中央东北局工作，参加了中苏两党论战文章的写作工作。“文化大革命”开始之后，他曾被强加以种种莫须有的罪名，受到了各种不公正的待遇和迫害，但他始终以革命利益和国家利益为重，不记个人的恩怨得失，勤勤恳恳地为党的事业工作，表现出一个共产党员的高尚情操和宽阔胸怀。1976年起，他不顾体弱多病，亲自组织和领导了我国第一部《汉日双语词典》的编撰工作，这本词典的出版，填补了我国翻译界和出版界在这方面的空白，并在当时特定的历史条件下，为我国的对外开放和引进外国先进技术起到了重要的作用。

10. 军事医学教授——何明伍

中国人民解放军农牧大学（现为吉林大学农学院）教授、硕士生导师，1948年参加中国人民解放军，参与组建我军第一所兽医大学即中国人民解放军兽医大学。为了革命的需要，放弃了从事多年并已取得成就的病毒研究工

何明伍

作，担任了解剖教研室主任，通过不断的学习与探索，成为全国知名的兽医解剖学专家，在完成教学与科研工作的同时承担硕士研究生导师工作。多年来，他为党和人民军队的教育、科研工作做出了卓越的贡献。经他培养的研究生有的成为将军，有的成为他的领导，但他仍然在教学岗位上默默无闻地无私奉献倾注爱心，将毕生的精力献给了党的军事科学教育研究事业。

何明伍先后荣立两次三等功，多次被评为解放军总后勤部教学标兵、教书育人标兵等；为国家高教部编写多部兽医解剖学教材，其中《马体解剖学》《马体解剖学图谱》获全国科技图书一等奖。撰写数10篇颇有影响的学术论文，在学术界有着很高的威望，为我国的军马事业和兽医界培养了很多优秀的专家、学者。他在晚年离休后还无偿地为全国高校审阅统编教材，培养教学骨干，以实际行动实现了他的入党誓言，为了党和人民的事业奋斗终生。

参考文献

一、古籍

宇文昭. 大金国志. 北京：中华书局，1986

脱脱等. 金史. 北京：中华书局，1975

二、今人著作

陈永龄. 民族词典. 上海：上海辞书出版社，1987

佟力克. 锡伯族历史与文化. 乌鲁木齐：新疆人民出版社，1989

方军，关捷. 锡伯族图录. 北京：民族出版社，1994

高佩群、毕淑梅. 吉林省少数民族古籍资源保障体系建设研究. 长春：吉林文史出版社，2014

戈立齐. 伯都讷教育体育卫生. 北京：时代文艺出版社，2004

龚义昌. 锡伯族姓氏考. 乌鲁木齐：新疆人民出版社，2002

谷志和. 松原统战史. 北京：中国文联出版社，2012

吉林省文物考古研究所. 榆树老河深. 北京：文物出版社，1987

吕大吉，何耀华. 中国各民族原始宗教资料集成. 北京：中国社会科学出版社，1999

前郭尔罗斯蒙古族自治县地方志编纂委员会. 前郭尔罗斯蒙古族自

治县县志. 沈阳：辽宁民族出版社，1993

《沈阳锡伯族志》编纂委员会. 沈阳锡伯族志. 沈阳：辽宁民族出版社，1988

孙进己，孙泓. 契丹民族史. 桂林：广西师范大学出版社，2010

孙进己，孙泓. 女真民族史. 桂林：广西师范大学出版社，2010

孙玉良，赵鸣岐. 中国东北史. 长春：吉林文史出版社，2006

田志和，马洪超，王德才. 长春市志·少数民族志·宗教志. 长春：吉林人民出版社，1998

王维宪. 伯都讷周边文化. 北京：时代文艺出版社，2004

王昭全. 伯都讷民俗民风. 北京：时代文艺出版社，2004

维宪，昭全. 伯都讷史话传说. 北京：时代文艺出版社，2004

吴克尧. 黑龙江锡伯族. 哈尔滨：哈尔滨出版社，2002

吴克尧. 黑龙江锡伯族文化. 哈尔滨：黑龙江教育出版社，2010

吴元丰、赵志强. 锡伯族历史探究. 沈阳：辽宁民族出版社，2008

《锡伯族简史》编写组. 锡伯族简史. 北京：民族出版社，1986

永志坚. 锡伯族研究文集. 乌鲁木齐：新疆人民出版社，1988

吉林省地方志编纂委员会. 吉林省志·民族志. 长春：吉林人民出版社，2003

后 记

为了保护、传承和弘扬吉林各民族优秀传统文化，增强文化认同，促进各民族交往、交流与交融，建设各民族共有精神家园，在全省上下进一步营造和彰显关心、支持民族工作的良好氛围，吉林省民族事务委员会责成吉林省民族宗教研究中心组织策划完成了《吉林少数民族丛书》(以下简称《丛书》)。

《丛书》由《吉林朝鲜族》《吉林满族》《吉林蒙古族》《吉林回族》《吉林锡伯族》等五卷和《吉林少数民族风情》画册组成。全书各卷的编著者分别来自延边大学、吉林师范大学、吉林省教育学院、通化师范学院和吉林省民族宗教研究中心等高校和科研院所，均由热爱并熟悉本民族文化的专家学者担任，并吸纳了省内很多中青年学者参与编写工作，同时邀请了金炳镐、刘小萌、赵杰、吴元丰等众多享誉国内外的专家学者担任学术顾问。

2014年11月，原省民委主任阿汝汗主持召开《丛书》编写启动工作会议以来，先后召开了推进会、审评会和出版对接会，严格按照出版计划安排有序开展工作。省民委朴松烈主任、包力军副主任等领导一直高度关注《丛书》编撰工作，亲自审定书稿，并提出许多宝贵建议。编写期间，更得到了省政协、省委宣传部、省委统战部、省文化厅、省文联等相关部门领导的大力支持和帮助，也得到了省内民族自治地方和各民族乡（镇）、省民委机关处室、各地民委的全力配合。这套《丛书》列入了吉林省社科规划办重点委托项目，辽宁民族出版社吴昕阳副总编辑与张学林、佟强、李璜等编辑为《丛书》的顺利出版付出诸多心血。《丛书》在编写中，还借鉴吸收了有关专家的研究成果。各卷在撰写调研期间，得到了省内外众多倾心民族事业朋友们的热情帮助，提供了许多宝贵资料与图片，无法一一列举，在此一并表示衷心的感谢。《丛书》图片提供者参见《吉林少数民族风情》画册。

《吉林锡伯族》由吉林省民研中心研究员孙运来和黑龙江省民族研究所研究员吴克尧编著，吴克尧执笔完成。佟靖飞、白长有、韩淑英、贾茜、李艺多、郭春燕、王晏、张静、王伟等参加了本卷的资料收集和部分编写工作。全书最后由孙运来统稿。

《丛书》是在较短时间内编写的公益普及性民族读物，由于内容涉及面广，加之时间仓促，谬误和不足之处在所难免，在此深表歉意，恳请读者给予批评指正。

《吉林少数民族丛书》编委会

2016年5月11日